Rieder · Schafe halten

Hugo Rieder

Schafe halten

32 Farbfotos
95 Schwarzweißfotos
40 Zeichnungen

Verlag Eugen Ulmer

CIP-Kurztitelaufnahme der Deutschen Bibliothek

Rieder, Hugo
Schafe halten / Hugo Rieder. – Stuttgart:
Ulmer, 1984.
   ISBN 3-8001-7094-9

© 1984 Eugen Ulmer GmbH & Co.
Wollgrasweg 41, 7000 Stuttgart 70 (Hohenheim)
Printed in Germany
Einbandgestaltung: Alfred Krugmann
mit einem Foto von Hans Reinhard
Satz: Typobauer Filmsatz GmbH, Scharnhausen
Druck: Offsetdruckerei K. Grammlich, Pliezhausen

Vorwort

Das Schaf ist sicherlich eines der ältesten Haustiere. Die Bibelworte vom guten Hirten und von den angeblich geduldigen Schafen sind jedermann geläufig. Neben den Ziegen waren und sind Schafe die wichtigsten Begleiter der Nomaden, die mit ihren Herden dem Futterangebot folgen und dabei auch karge Zeiten überstehen müssen. So sind beim Schaf Fettansatz bei üppiger Ernährung und Fettdepotabbau in schlechten Ernährungssituationen besonders ausgeprägt und ermöglichen solche extremen Haltungen.

Auch heute noch gibt es in Deutschland eine Art Nomadentum. Die süddeutschen Wanderschäfer ziehen mit ihren Herden im Winter in die milden Flußtäler des Rheins, des Neckars und zum Bodensee. Dort ist meist auch im Winter eine Beweidung möglich. Im Sommer betreiben diese Herden in den Mittelgebirgslagen Landschaftspflege, indem sie durch Beweidung, etwa von Steillagen, das Landschaftsbild erhalten und pflegen und so vor der Verbuschung bewahren. Zwischen den verschiedenen Weiden legen die Herden mehrere hundert Kilometer während eines Jahres zurück. Unter der Führung eines Schäfers, der heute oft auch gleichzeitig Eigentümer der Schafe ist, wird die Herde von den Hütehunden und nicht selten von einem Esel als Tragtier begleitet. Aus dieser Haltungsform ist die Rasse des Merinolandschafes entstanden, die sich für lange Wanderungen besonders eignet.

Seit etwa zwanzig Jahren gibt es in der Bundesrepublik Deutschland immer mehr nebenberufliche Schafhalter und Freizeitschafhalter, während die Zahl der hauptberuflichen Schafhalter in dieser Zeit zurückgegangen ist. Der Rückgang der Rindviehhaltung in vielen Regionen war unter anderem eine Ursache für die alternative Nutzung von absolutem Grünland mit Schafen. Aber auch schlicht die Liebe zu einem so angenehmen und nützlichen Haustier wie dem Schaf hat die Ausbreitung der kleinen Koppelschafhaltungen begünstigt.

In den ersten Jahren fehlt Anfängern auf dem Gebiet der Schafhaltung das notwendige Fachwissen. So sind denn die Enttäuschungen oftmals sehr groß. Hier soll dieses Buch zu Hilfe kommen. Es soll in leicht verständlicher Weise das elementare Fachwissen vermitteln, ohne Umschweife in die Praxis einführen und Anregungen geben mit dem Ziel, die Freude an den Schafen mit einer artgerechten und gesunden Haltung der Tiere zu verbinden und zu erhalten.

An dieser Stelle möchte ich mich bei allen bedanken, die beim Entstehen dieses Buches mitgewirkt haben. Insbesondere Herrn Dr. vet. Günter Steng, Besigheim, für seine Beratung beim Kapitel Schafkrankheiten.

Obermünkheim, März 1984
Hugo Rieder

Inhalt

Vorüberlegungen beim Aufbau einer Schafhaltung

In der Vergangenheit wurden Schafe vorwiegend in Herden von hauptberuflichen Schäfern gehalten. Heute dienen Schafe nicht nur allein dem Broterwerb, sondern auch der Freizeitbeschäftigung von Menschen, die den Beruf des Schäfers nicht erlernt haben. Die Liebe zum Schaf, aber auch der Besitz von Grundstücken, die gepflegt werden müssen, mögen den Wunsch nach einer eigenen kleinen Schafhaltung aufkommen lassen. Mancher Idealist läßt sich dabei zu sehr von der Möglichkeit der Selbstversorgung mit Lammfleisch, Wolle und Milch bestimmen und unterschätzt darüber leider die Arbeit und die Probleme, die die Haltung auch nur weniger Schafe mit sich bringt.

Voraussetzungen für eine Koppelschafhaltung

Noch bevor die ersten Schafe Einzug halten, sollten deshalb einige wichtige Überlegungen angestellt werden, damit sich keine Pleite aus dem künftigen Unternehmen Schafhaltung entwickelt, denn Schafe halten ist doch nicht so einfach, wie oft angenommen wird.

Hast Schafe auf der Weide gehen,
dann sollst du täglich danach sehen,
ob alles dort in Ordnung ist
und ob ein Schaf vielleicht nicht frißt.
Sind sie wohlauf und keins ist krank,
dann sei dir das der schönste Dank.

Zeitbedarf für Schafe

Für kleinere Schafhaltungen ist die Angabe von exakten Bedarfswerten für die Arbeitszeit sehr schwierig. Man kann aber davon ausgehen, daß für eine Schafhaltung mit zehn Mutterschafen und Nachzucht im Normalfall täglich mindestens eine Stunde Zeit zur Verfügung stehen sollte. Bei der Heuernte, der Lammung und anderen Arbeitsspitzen, ist noch weit mehr Zeit pro Tag zu investieren. Wichtig ist, daß man seine Schafe regelmäßig, nämlich tagein, tagaus betreut. Das ist um so wichtiger, je intensiver die Schafe genutzt werden sollen. Bei Schafen zur Milchgewinnung übersteigt der Zeitbedarf den genannten Wert bei weitem. Ein angehender Schafhalter muß sich auch überlegen, was mit seinen Schafen in der Urlaubszeit geschieht, falls er

Anfänger in der Schafhaltung können bei
den Lehrgängen der Landesschafzuchtverbände viel Fachwissen erwerben.

wegen seiner Schafe überhaupt noch
einen längeren Urlaub einplanen kann.
Während seiner Abwesenheit sollte
unbedingt eine zuverlässige und fach-
kundige Ersatzkraft vorhanden sein.
Wer seine Schafe auch nur wenige
Tage ohne Aufsicht läßt, handelt
unverantwortlich und gefühllos.

Futterflächenbedarf

Der Laie überschätzt häufig den möglichen Tierbesatz für eine bestimmte
Grünfläche. Als Faustregel gilt: Zehn
Mutterschafe mit Nachzucht benötigen 1 ha landwirtschaftliche Nutzflä-
che, einschließlich Winterfutterge-
winnung. Dieser Wert ist allerdings
stark von Bodenqualität, Klima, Weide-
technik und Düngung abhängig. Er
kann deshalb nur als grobe Richt-
schnur gelten. Die Frage, ob die
vorhandene Weide mit einer Einzäunung versehen werden darf, ist ebenso
dringend zu klären, wie die Überle-
gung, ob sich vielleicht ein Nachbar an
den Schafen stören könnte.
Es darf auch nicht übersehen werden,
daß sich nasse, sumpfige Wiesen für
die Schafbeweidung nicht eignen.

Schafstall

Die artgerechte Unterbringung der Tiere im Winter gibt Anlaß zu wichtigen Vorüberlegungen. Steht ein geeigneter Stall zur Verfügung? Kann ein solcher erstellt werden? Auch für kleine Schafhaltungen sind Schafställe genehmigungspflichtig (siehe Kapitel Schafställe).

Fachwissen des künftigen Schafhalters

Es ist weitaus einfacher, Hunde und Katzen zu halten, als eine kleine Schafherde richtig zu versorgen. Deshalb ist es für jeden Anfänger wichtig, sich vor Beginn der Schafhaltung sowohl theoretisch als auch praktisch vorzubereiten. Es gibt hierfür bei den verschiedenen, meist auf Landesebene organisierten Schafzuchtverbänden Kurse, Versammlungen und Beratungen, die später viele Enttäuschungen verhindern können. Fachbücher und Broschüren sind ebenfalls eine wichtige Informationsquelle. Gespräche und Kontakte mit Schafhaltern in der näheren Umgebung, die bereits einige Erfahrungen gesammelt haben, sollten dem Beginn einer Schafhaltung unbedingt vorausgehen.

Hast du von Schafen keinen Schimmer, vergiß den Schafkauf gleich für immer.

Der Beginn einer Schafhaltung – Erste Vorbereitungen und Planungen

Wie auf anderen Spezialgebieten auch, überschätzen sich Neulinge in der Schafhaltung oft und trauen sich zu viel zu. Sie verlieren bei auftretenden Problemen rasch den Überblick und müssen dann das sogenannte Lehrgeld zahlen. Darum sollten Anfänger mit weniger als zehn Schafen beginnen. Hat man erst die notwendigen Erfahrungen gesammelt, ist eine Aufstockung des Tierbestandes jederzeit möglich.

So etwa könnte die Planung einer kleinen Schafhaltung ablaufen, wenn die entsprechenden Voraussetzungen gegeben sind:

1. Ausführliche Information
- Beratung bei Verband und erfahrenen Schafhaltern
- Beitritt zu einem Landesschafzuchtverband. Der Beitritt ist freiwillig, aber zu empfehlen.
- Studium von Fachbüchern und Zeitschriften
- Besuch von Versammlungen und Lehrgängen

2. Vorüberlegungen für den Tierkauf
- Welche Tierzahl ist für den Anfang entsprechend der Futterfläche vorgesehen?
- Sollen Alttiere, Jährlinge oder Tiere

unterschiedlichen Alters gekauft werden?
- Welche Rasse ist am besten geeignet?
- Bei welchem Schafhalter soll gekauft werden?

3. Betriebliche Vorbereitungen
- Festeinzäunung oder Elektrozaun?

- Vorbereitung des Stalles; Stalleinrichtung
- Planung der Winterfutterversorgung

4. Kauf der nötigen Geräte und Maschinen
- Sind für die Heugewinnung Maschinen nötig, z. B. Schlepper, Anhänger, Heuwender?

Geräte für die Koppelschafhaltung

	bereits vorhanden	demnächst nötig	noch nicht nötig	geschätzte Kosten
Schlepper Motormäher Anhänger für Schlepper Viehanhänger Kreiselheuer Kreiselschwader Heureuter				
Heugabeln, Rechen, Sense Schubkarren Mistgabel				
Koppeleinzäunung Elektro-Knotengeflecht (Netze) Elektro-Weidezaungerät Batterie Batterieladegerät, Zaunprüfer				
Fanghaken Schäfermesser Spannzange (Kastrieren, Kupieren) Viehzeichenstift Kerbzange Kopfhalfter				
Tränke Heuraufe Kraftfuttertrog Futterwaage				

Zwei Vorschläge für den Beginn einer Schafhaltung

	Beispiel I	Beispiel II
Okt.	Vorbereitung von Stall und Winterfutter Kauf von 5 Jährlingen oder Zuchtlämmern und einem Bock	
Nov.	Beginn der Rittzeit	
Dez.		
Jan.		
Febr.		
März		Vorbereitung der Schafweide
April	Lammzeit	Kauf von 5 Mutterschafen mit Junglämmern
Mai	Weideaustrieb	Weideaustrieb
Juni		
Juli	Absetzen der Lämmer im Alter von 12 Wochen bei anschließender Stallendmast oder Weidemast auf getrennter Weide	
Aug.		Kauf eines Zuchtbockes Absetzen der Lämmer
Sept.		
Okt.	Rittzeit	Rittzeit

– Sind Geräte bei Nachbarn und Kollegen zu leihen, mit ihnen gemeinsam zu benützen?
– Sollen neue oder gebrauchte Maschinen gekauft werden?
– Welche Geräte sind gleich zu Beginn bei einer kleinen Zahl von Schafen nötig?

Mit einer Schafhaltung kann jedermann ohne besondere Genehmigung beginnen, wenn er eine artgerechte Tierhaltung betreibt. Als nächstes stellt sich wahrscheinlich die Frage, in welcher Jahreszeit mit der Schafhaltung begonnen werden soll. Es gibt dafür kein Patentrezept, denn man kann unter entsprechenden Voraussetzungen jederzeit anfangen.

Zwei Vorschläge für einen möglichen Beginn sollen aber im Folgenden miteinander verglichen werden:

Beispiel 1

Es hat den Vorteil, daß man vor allem bei saisonalen Rassen (Schafe werden nur im Herbst brünstig) beim Schafkauf im Herbst bessere Auswahlmöglichkeiten hat und daß man kurz vor Winterbeginn meist auch günstigere Einkaufspreise vorfindet. Bei einem späten Deckzeitpunkt im Dezember können auch Frühjahrslämmer noch ein Gewicht von etwa 60% des durchschnittlichen Altschafgewichtes erreichen, das als Mindestgewicht bei Erstbelegungen gilt. Werden Lämmer zu früh gedeckt, bleiben sie durch Trächtigkeit und Säugeleistung meist im Wachstum zurück.

Mit einem frühzeitigen Absetzen der Lämmer von den jungen Müttern mit 10 bis 12 Wochen im darauffolgenden Sommer

– schont man die noch jungen Muttertiere
– ermöglicht deren weiteres Wachstum,
– bringt die Tiere für die Frühjahrslammung im Folgejahr wie gewünscht im Oktober in den Ritt und
– erreicht dadurch eine höhere Fruchtbarkeit.

Der Kauf von jungen Tieren ist preisgünstig, hat aber den Nachteil, daß man im ersten Jahr bei der Ablammung nur Erstlingsgeburten hat, die manchmal problematisch sein können.

Beispiel 2

Es ist für den Anfänger besonders günstig, da er bis zur ersten Lammzeit bereits »Schaf-Erfahrungen« sammeln kann. Zudem sind bei älteren Muttertieren weniger Schwierigkeiten bei der Lammung zu erwarten. Vorausgesetzt, man bekommt zu Weidebeginn Tiere verschiedenen Alters (ein bis vier Jahre) mit Lämmern, ist dieser Zeitplan günstiger als der Zeitpunkt in Beispiel 1, vor allem auch im Hinblick auf den künftigen Altersaufbau der Herde, bei dem dann Mutterschafe unterschiedlichen Alters vorhanden sind. Gute Mutterschafe sind jedoch bei Weidebeginn gesucht und deshalb auch meist sehr teuer.

Beim Schafkauf Augen auf!

Ob man Schafe bei Kollegen, auf Auktionen oder Märkten oder aber durch Bestellung und Kaufauftrag erwirbt – es ist immer Vorsicht geboten, denn Tierkauf ist Vertrauenssache; dies ist eine alte Erfahrung. Es gibt unendlich viele Fälle, bei denen sich unerfahrene Viehkäufer getäuscht fühlten, zu Recht oder auch zu Unrecht.

Während heute für alle technischen Geräte Garantiebedingungen gelten, ist eine Garantie beim Tierkauf in vergleichbarer Weise kaum möglich. Deshalb sollte ein Laie nie ohne einen erfahrenen Schafhalter einen Kauf abwickeln. Es ist übrigens immer vorteilhaft, beim Tierkauf eine zweite Person mitzunehmen, denn vier Augen sehen mehr als zwei.

Daß es beim Viehkauf sehr leicht zu Unstimmigkeiten kommen kann, sollen folgende Fälle zeigen:

Fall 1

Ein Schafhalter kauft zehn Schafe. Nach zehn Tagen stellt er fest, daß sich bei den Tieren allmählich Anzeichen der Schafräude zeigen. Wer ist haftbar?

Fall 2

Ein Schafhalter kauft zwanzig angeblich trächtige Mutterschafe. Von den Tieren lammt nur die Hälfte ab! Wer trägt den entstandenen Schaden?

Fall 3

Nach einem Zukauf von fünf Schafen war nach zehn Tagen bei der ganzen Herde ein starker Moderhinkebefall zu verzeichnen. Muß der Verkäufer den entstandenen Verlust ersetzen?

Die Rechtsgrundlage für den Viehkauf findet man im Bürgerlichen Gesetzbuch (BGB) und zwar in den §§ 481–493.

Bei Zuchtschafen gilt nur die Schafräude als sogenannter Hauptgewährsmangel mit einer Gewährsfrist von 14 Tagen. Tritt innerhalb von 14 Tagen nach Tierübergabe der Hauptgewährsmangel Räude auf, muß der Käufer dem Verkäufer den Mangel spätestens 2 Tage nach Ablauf der Frist anzeigen.

Danach ist Wandlung (Rückgängigma-chung des Kaufvertrages mit Schadenersatz) möglich. Für offensichtliche Mängel wie z.B. Fundamentmängel und sichtbare Fehler haftet der Verkäufer nicht.

Für arglistig verschwiegene Mängel wie z.B. Bösartigkeit, Blindheit bei einem Tier, kann der Käufer Wandlung des Vertrages verlangen. Hierbei ist der Nachweis der Arglistigkeit meist schwierig.

Wie in einem Rechtsstreit über Gewährleistungsfragen die Gerichte entscheiden, ist meist nicht absehbar, vor allem dann nicht, wenn kein schriftlicher Kaufvertrag vorliegt.

Rechtslage bei den drei Beispielen

Fall 1

Nach der Feststellung der Räude am zehnten Tag muß der Käufer dem Verkäufer den Mangel sofort, möglichst unter Zeugen oder mit eingeschriebenem Brief, mitteilen. Nach dem BGB ist hier Wandlung möglich, d.h. in diesem Fall Rückgabe der Tiere, Erstattung des Kaufpreises und des möglicherweise entstandenen Schadens, sowie ggf. der Unterbringungs- und Futterkosten.

Fall 2

Wenn der Verkäufer eine nachträglich beweisbare Zusicherung einer Eigenschaft wie z.B. der Trächtigkeit gegeben hat, ist ein Ausbleiben dieser Eigenschaft vom Verkäufer zu entschä-

Kaufvertragsmuster

Datum: _____

Zwischen dem Schafhalter _____
als Verkäufer
und dem Schafhalter _____
als Käufer
wird folgender Kaufvertrag abgeschlossen:

Es werden folgende Tiere verkauft:
_____

Die Übergabe erfolgt am _____ in _____

Der Kaufpreis beträgt _____ und wird bei Tierübergabe dem

Verkäufer _____ entrichtet durch _____

Der Verkäufer haftet für folgende Mängel:
_____
_____
_____
_____

Der Verkäufer garantiert für folgende Eigenschaften:
_____
_____
_____
_____

Mündliche Verabredungen außerhalb dieses Vertrages haben keine Gültigkeit.
Gerichtsstand ist _____.

Unterschriften: _____   _____
                        (Käufer)   (Verkäufer)

16

digen. Ist in einem Streitfall die Trächtigkeit mündlich ohne Zeugen zugesichert, ist eine Klage auf Schadenersatz fast aussichtslos. Bei schriftlicher Zusicherung einer Eigenschaft ist Schadenersatz durch den Verkäufer leichter durchzusetzen.

Fall 3
Hier handelt es sich um einen offensichtlichen Mangel. Der Käufer hätte sich vor dem Kauf über den Zustand der Klauen vergewissern können, bevor die zugekauften Tiere zur Herde gekommen sind. Er hat keinen Anspruch auf Ersatz.

Um spätere böse Überraschungen zu vermeiden, empfiehlt es sich beim Tierkauf, einen einfachen schriftlichen Kaufvertrag, etwa nach dem Muster auf Seite 16, abzuschließen.

Risiken in der Schafhaltung

Die Haltung von Schafen bringt gewisse Risiken mit sich, da Schafe entweder selbst Schaden erleiden oder aber auch Schäden verursachen können.
Dabei kann in gewissem Umfang das Risiko vom Schafhalter selbst verringert werden, indem er für sichere Einzäunungen und regelmäßige Fütterung sorgt, denn hungrige Schafe neigen eher dazu, auszubrechen.

Beispiele:
Schafe erleiden Schaden:
- Todesfälle durch Vergiftung oder Krankheiten
- Weidediebstahl von Schafen
- Schäden durch streunende Hunde
- Verletzungen durch unsachgemäße Stalleinrichtung und schadhafte Weidezäune

Schafe verursachen Schaden:
Folgeschäden nach Ausbruch der Schafe aus der Koppel
- durch Schädigung landwirtschaftlicher Kulturen oder sogar
- Verursachung von Verkehrsunfällen mit Sach- und Personenschäden

Die Haftungsfragen für Schäden, die durch landwirtschaftliche Nutztiere verursacht werden, sind im Bürgerlichen Gesetzbuch geregelt. Danach ist der Tierhalter fast immer (§ 833 BGB) verpflichtet, den nachweislich von seinen Tieren angerichteten Schaden zu ersetzen.
Das Schadenrisiko kann man durch rechtzeitigen Abschluß von entsprechenden Haftpflichtversicherungen im Griff behalten.

Weidehaftpflichtversicherung: Diese Versicherung deckt Schäden, die durch das Ausbrechen der Schafe aus Koppel und Pferch entstehen. Werden dabei nur landwirtschaftliche Flächen geschädigt, ist der Schaden überschaubar. Verursachen aber die Tiere einen Verkehrsunfall mit hohem Personen-

und Sachschaden, bewahrt die Haftpflichtversicherung den Schafhalter unter Umständen vor dem Ruin. Man sollte nicht vergessen, auch den Bock in den Versicherungsvertrag aufzunehmen.

Diebstahlversicherung: Schafdiebstähle sind gerade bei Koppelschafhaltungen recht häufig. Hier deckt eine Diebstahlversicherung das Risiko ab, wobei der Nachweis gegenüber der Versicherung, wie viele Schafe gestohlen wurden, nicht immer leicht ist. Zudem ist die Versicherung relativ teuer; die Prämiensätze betragen etwa 10 bis 20 % des Wertes der zu versichernden Tiere.

Tierlebensversicherung: Wertvolle Zuchtschafe wie zum Beispiel Zuchtböcke können mit einer Tierlebensversicherung wenigstens für eine gewisse Dauer von 1 bis 2 Jahren versichert werden. Die anfallenden Prämien liegen im Bereich von 4 bis 10 % des Wertes eines Tieres.

Transportversicherung: Schäden, die beim Transport von Schafen entstanden sind, können durch eine Transportversicherung abgedeckt werden. Vor allem bei größeren Strecken ist eine solche Versicherung angebracht. Die Prämien hierfür sind mit etwa 1 % des Tierwertes relativ gering.

Landwirtschaftliche Berufsgenossenschaft: Durch die Mitgliedschaft in der Landwirtschaftlichen Berufsgenossenschaft sind Berufsunfälle im landwirtschaftlichen Bereich abgedeckt. Auch für kleinere Schafhaltungen lohnt sich der Beitritt zur Berufsgenossenschaft wegen des kostengünstigen Versicherungsschutzes.

Feuerversicherung: In den meisten Bundesländern besteht für Gebäude eine gesetzliche Feuerversicherung, Tiere und landwirtschaftliches Inventar sind darin jedoch nicht enthalten. Deshalb empfiehlt es sich, für diese Risiken eine besondere Feuerversicherung abzuschließen.

Vom Verhalten des Schafes als Herden- und Haustier

Das Schaf ist ein Herdentier

Hört man von Schafen, denkt man ganz selbstverständlich an eine Schafherde von mehreren hundert Tieren, man spricht beim Schaf sogar von einem typischen Herdentier. In der freien Wildbahn lebten die Vorfahren unserer Schafe jedoch in weitaus kleineren Herden von 10 bis 30 Tieren zusammen. Diese Lebensform dürfte den kleinen Wiederkäuern (Mufflon und Arkal) den besten Überlebensschutz vor Raubtieren wie Wolf und Luchs gegeben haben.

Bei Gefahr flüchtet das Schaf ins Herdenzentrum, wo vor allem die Lämmer Schutz finden.

Beim Hüten und Führen von Schafherden nützt man diese Verhaltensweise aus, wobei der Hütehund mit seiner

Das Schaf – ein Herdentier

Umweltfreundliche Pflege von Hochwasser-
dämmen mit Schafen

»Wolfsautorität« Gehorsam durch Ge-
bell und Zahn erzwingt. Durch eine
gezielte jahrhundertelange Auslese und
Haltung in großen Herden hat sich
beispielsweise der Herdentrieb der
Merinolandschafe besonders entwik-
kelt.

Hinsichtlich des Herdentriebes haben
dagegen die Texelschafe in den letzten
Jahrhunderten eine andere Verhaltensweise angenommen, die auf die groß-
flächige Haltung auf Deich und Koppel
zurückzuführen ist. Den Tieren wurde
dort viel Raum gelassen. Dadurch
haben sich Individualisten entwickelt,
die gerne einen größeren Abstand zum
Nachbartier auf der Weide einhalten,
als dies die Merinos tun.

Bei Gefahr aber ist der Urtrieb Flucht
zur und mit der Herde bei allen Rassen
gleich. Bei ungewohnten Geräuschen
und Reizen unterbrechen die Schafe
z. B. sofort das Grasen und heben den
Kopf, um die Gefahr erkennen und
einordnen zu können.

Bei Gefahr flieht die Herde. Dabei

machen die Tiere oft große Sprünge und setzen teilweise gleichzeitig mit vier Beinen auf. Nach einer gewissen Entfernung wird angehalten und die Gefahr wieder neu eingeschätzt.

Wölfe und auch Wolfshunde sondern ihre Beutetiere während der Flucht von der Herde ab, so daß der Schaden gering bleibt. Dringen Hunde aber in einen geschlossenen Pferch ein, werden meist mehrere Tiere in Mitleidenschaft gezogen.

Bösartigkeit mancher Schafböcke

Zeitungsnotizen

70jährige Frau beim Obstauflesen von Schafbock lebensgefährlich verletzt

---

Frühsportjogger von zwei ausgebrochenen Böcken verfolgt und schwer verletzt

---

Solche und ähnliche Fälle sind zwar selten, aber es gibt sie – und zwar nicht nur bei gehörnten Rassen. Das soll nun nicht heißen, daß alle Böcke gefährlich und bösartig sind. Diese Eigenschaft trifft nur für ganz wenige Vatertiere zu. Warum sie so wurden, kann verschiedene Ursachen haben:

Man findet Bösartigkeit vermehrt bei Böcken, die als Lamm mit der Flasche ernährt wurden und dadurch auf den Menschen bezogen sind. Aus dem Spielen mit dem Bocklamm entwickelt sich langsam der Rangordnungskampf des erwachsenen Bockes mit dem Menschen. Das Spielen mit dem Bock und das laufende Betätscheln wird gefährlich, weil die Tiere zwischen Spiel und Ernst nicht unterscheiden können und vor allem während der Brunst der Schafe ihren Betreuer als Konkurrent ansehen. Ein Bock wird nicht von heute auf morgen gefährlich, sondern diese Eigenschaft entwickelt sich mehr oder weniger allmählich. Kauft man einen Lammbock auf der Auktion, wird das Tier anfangs sehr vorsichtig und vielleicht scheu sein. Die Zutraulichkeit steigt mit dem Alter. Der Bock wird handzahm, wird gestreichelt, die Zutraulichkeit wird ihm lästig. Nun stößt der Bock ab und an leicht zu. Was ist jetzt zu tun? Auch wenn der Rat vielleicht nicht schön klingt, sollte man dem Bock bei einem Boxversuch mit der flachen Hand über die Augen oder Ohren schlagen. Schläge auf die Stirn spürt ein Bock nicht, es reizt ihn vielmehr zu weiteren Versuchen. Ein Eimer kaltes Wasser über den Kopf des Bockes geschüttet, wirkt manchmal Wunder. Nach einigen schlechten Erfahrungen wird ein Bock in der Regel wieder zurückhaltender. In jedem Fall sollte man Vorsichtsmaßnahmen treffen. Während der Brunst muß man besonders vorsichtig sein. Wenn bei brünstigen Schafen die Klauen ausgeschnitten werden, sollte der Bock abgesperrt sein. In dieser Zeit hat es schon manchen Unfall gegeben.

Ein gewisser Herdenverteidigungstrieb vor allem während der Brunst ist allerdings erwünscht. Solche Böcke stellen sich dann auch gegen angreifende Hunde.

Nicht jede abweichende Verhaltensweise eines Bockes sollte deshalb sofort als Bösartigkeit ausgelegt werden.

Hat man einen Bock, der gelegentlich angriffslustig ist, muß man eben auf der Hut sein. Solche Böcke sollten zum

Schäfer mit Schippe und Fanghaken

Festhalten und Anbinden immer ein Lederhalfter tragen. Angriffe werden meist nur dann durchgeführt, wenn man sich von dem Tier abwendet und ihm den Rücken zukehrt, oder wenn man es durch hastige Bewegungen reizt.

Ist ein Bock überdurchschnittlich angriffslustig, empfiehlt sich die Schlachtung.

Aus alledem folgt:

Vorsicht und Beobachtung beim Betreten der Weide! Ein normaler Umgang mit dem Bock, eine Erziehung ohne viel Betätscheln des Kopfes und wenn nötig eine Verhaltenskorrektur mit der Hand verhindern solche Probleme weitgehend.

Bei Bullen, Hengsten und Ebern ist jedermann vorsichtig – das sollte bei Schafböcken nicht anders sein.

Vom Umgang mit Schafen

Die allseits bekannten »geduldigen Schafe« können in Wirklichkeit manchmal auch sehr ungeduldig sein, vor allem dann, wenn man die natürlichen Verhaltensweisen der Schafe nicht kennt und die richtigen Handgriffe im Umgang mit ihnen nicht beherrscht.

Viele Menschen, die noch wenig Erfahrung im Umgang mit Haustieren haben, bedenken oft nicht, daß das Verhalten der Tiere instinktgesteuert

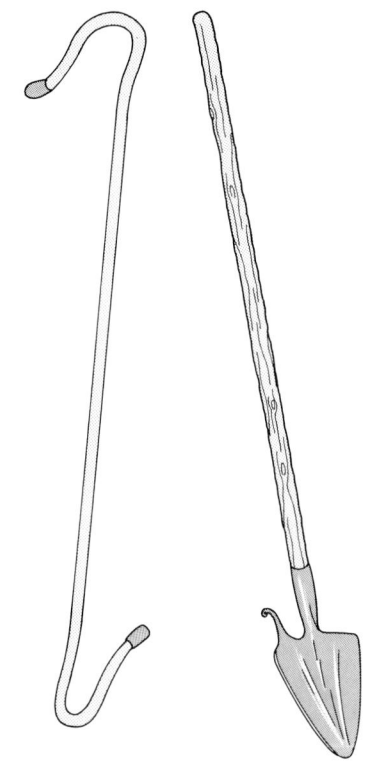

Das Fangen von Schafen mit Fanghaken und Schäferschippe an den Hinterbeinen will gelernt sein. Mit dem weiten Bogen des Fanghakens wird das Schaf am Hals fest gehalten. Vorsicht ist bei scharfen Kanten an der Schäferschippe geboten (Verletzungen Gliedmaßen)

Umgang mit Schafen Ruhe, Geduld und überlegtes Handeln unerläßlich.

Das Fangen von Schafen

Es ist gar nicht so einfach, Schafe auf einer freien Koppel zu fangen, besonders dann, wenn die Wolle noch sehr kurz ist. Eine den Schafen vertraute Person kann Einzeltiere mit dem Fanghaken oder mit der Schäferschippe fangen. Dabei sollte der erste Versuch erfolgreich sein. Die Tiere registrieren nämlich den Fangversuch schnell und flüchten sehr geschickt.

Viel besser geht es, wenn die Tiere an gelegentliche Kraftfuttergaben gewöhnt sind. Dann kann man Einzeltiere beim Fressen ihrer Lieblingsspeise leicht einfangen, der Fluchtreflex ist währenddessen stark unterdrückt.

Will man mehrere Tiere einfangen, ist dies fast nur im Stall oder in einem engen Pferch aus Maschengitter, Holz- oder Metallhürden möglich, will man die Herde nicht durch erfolglose Fangversuche beunruhigen.

Elektronetze sind dazu nicht geeignet.

Grundsatz:

Die Tiere beim Einfangen auf eine kleine Fläche einsperren, so können sie nicht ausweichen und keinen Anlauf zu einem Fluchtsprung nehmen.

Es gibt aber auch handzahme Schafe, die man ohne weiteres mit einem Stück Brot überlisten kann.

ist, während beim Menschen der Verstand im Vordergrund steht.

Ein Schaf denkt nicht, sondern es handelt nach Reflexen und angeborenen Verhaltensweisen. Das Schaf kann eben nicht »wissen«, daß das Einfangen zur Klauenpflege lebensnotwendig ist und flüchtet daher vorsichtshalber. Wie bei allen Tieren sind auch beim

Festhalten und Umsetzen von Schafen.
Um ein Schaf fachgerecht festzuhalten und
umzusetzen, wird mit einer Hand am Hals
und mit der anderen an der Weiche gehalten
und gegen das Knie gedrückt.

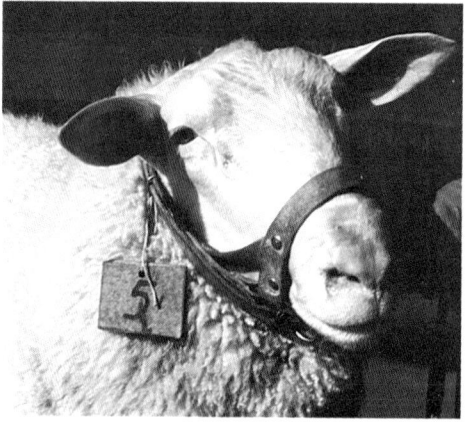

Einzeltiere können geführt werden:
mit einem einfachen Strick
mit einem Kopfseil
mit einem speziellen Halfter

Das Hauptgewicht soll beim Umsetzen über das Knie gleiten, sonst ist die Arbeit eine Schinderei.

In dieser Position sitzt das Schaf relativ ruhig und kann nach erfolgter Behandlung mit einem leichten Schub nach vorn in den Stand gebracht werden.

Das Festhalten von Schafen

Hat man das gewünschte Tier eingefangen, ist es bestrebt, seine Freiheit wiederzuerlangen. Nicht jeder kann ein 90 kg schweres Schaf beherrschen, wenn er nicht die Kunst des kräftesparenden Festhaltens kennt.

Man hält das Schaf mit einer Hand an Hals oder Kopf, mit der anderen am Schwanzansatz oder an der Weiche, während das Knie etwa im Bereich der Weiche leicht gegendrückt. Schafe nie an den Ohren festhalten! – es könnte sonst zu Mittelohrverletzungen kommen.

Widerspenstige Tiere kann man auch mit der Hinterhand gegen eine Wand stellen.

Das Umsetzen von Schafen

Will man irgendeine Behandlungsmaßnahme durchführen, setzt man ein Schaf aus dem Stand auf die Hinterhand. Dies wird als Umsetzen bezeichnet. So kann man allein ohne Mithilfe einer zweiten Person Pflege- oder Behandlungsmaßnahmen durchführen.

Das Treiben von Schafen

Versucht man, Koppelschafe durch landwirtschaftliche Fluren zu treiben, kann man möglicherweise die Lust an der Schafhaltung sehr schnell verlieren. Die Lockrufe des Schafhalters verhallen bald wirkungslos, denn der Geruch von Zuckerrüben und ähnlichem scheint weitaus interessanter zu sein. Selbst der Kraftfuttertrog findet keine Beachtung mehr. Jetzt kommt der Ruf nach einem Hütehund. Ein nur mäßig ausgebildeter Hütehund würde allerdings auch nicht helfen. Im Gegenteil könnte die Unruhe dadurch nur noch größer werden. In den meisten kleinen Schafhaltungen kann man ohne Hund auskommen.

Bei kleinen Koppelschafhaltern empfiehlt es sich deshalb, während der Hauptvegetationsperiode bei größeren Entfernungen die Schafherde im Viehanhänger zu transportieren, selbst wenn mehrere Fahrten notwendig sein sollten. Mit dem Verladen werden Schäden und Aufregungen auf beiden Seiten vermieden.

Der Transport von Schafen

Werden Schafe häufig transportiert, gewöhnen sie sich daran und gehen gern in den Anhänger, besonders dann,

Ruhe beim Verladen ist genauso wichtig wie ein geeignetes Transportfahrzeug.

wenn dort auch etwas Kraftfutter zu finden ist. Dann ist es sogar möglich, daß die Schafe direkt aus der Koppel in den Hänger laufen. Bei seltenen Transporten muß man die Schafe jedoch aus einem festen Pferch verladen.

Verladevorgang: Der Kraftfuttertrog, den Schafen bekannt und heiß begehrt, wird vorne im Transporter abgestellt. Dann werden die Schafe gelockt. Wenn die Schafe nicht reagieren, kann man je nach Zutraulichkeit der Tiere ein Schaf oder ein Junglamm in den Wagen bringen oder den Zuchtbock oder das Leitschaf, die meist zutrauli-

26

Anhänger aus der Sichthöhe eines Schafes. Einstreu auf der Ladeklappe würde das Beladen erleichtern.

cher und auch neugieriger sind, im Wagen anbinden.

═══════════════════════

Grundsatz:

Auch wenn der Wagen endlich voll war und kurz vor dem Schließen der Ladeklappe alle Schafe entwischt sind, ruhig bleiben und noch einmal von vorne anfangen.

Einzelne Tiere sollten zum Transport angebunden werden, damit sie während der Fahrt nicht aus dem Anhänger springen können.

═══════════════════════

Der Transportanhänger: Ein Anhänger für Schafe sollte folgende Anforderungen erfüllen:

Grundfläche je 100 kg Schaf = 0,5 m²

Höhe:

Es sind Seitenwände von mindestens 1,20 bis 1,30 m Höhe erforderlich

Dach:

Bei genügender Seitenhöhe und Normalbedingungen nicht notwendig

Boden:

Holz oder Riffelblech (immer mit Einstreu versehen)

Rampe:

Ladeklappe, nicht zu steil (etwa 45°) mit Querlatten erleichtert den Tieren den Aufstieg

Türen:

Eine Seitentür vorne ist zusätzlich zur Ladeklappe vorteilhaft. Von einer schmalen Seitentür können die Schafe besser zurückgehalten werden, als von einer breiten Ladeklappe. Lockt man die Tiere selbst vorne im Anhänger, kann man das Fahrzeug vorne verlassen und muß nicht durch die Schafe zurück zur Ladeklappe gehen.

Das Beruhigen von Schafen

Es gibt Situationen, in denen Schafe »durchdrehen« und nicht mehr wie gewohnt reagieren, etwa wenn Hunde in die Koppel eingedrungen oder Schafe ausgebrochen sind.

Dann wirkt der gewohnte Lockruf, das

27

Der Kraftfuttereimer ist ein wichtiger
Anziehungspunkt, wenn sich die Schafe
einmal daran gewöhnt haben.

vertraute Klappern des Kraftfuttereimers für die Schafe beruhigend und veranlaßt sie in solchen Fällen auch wieder, sich zu sammeln.

Gerade in solchen Ausnahmesituationen ist eine gute Beziehung zwischen Schafhalter und Schaf ganz besonders hilfreich. Spricht man beim täglichen Umgang mit seinen Schafen und kündigt man vor Betreten des Stalles seine Ankunft mit ein paar Worten an, erschrecken die Schafe nicht.

**Es ist ein arger Bösewicht,
der niemals mit den Schafen spricht.
Und brechen sie ihm einmal aus,
bringt auch kein Lockruf sie nach Haus.
Drum sprich mit ihnen da und dort,
Dann folgen sie dir auch auf's Wort.**

Kinder im Umgang mit Schafen

Grasen irgendwo Schafe mit Lämmern, sind Kinder davon hochbegeistert. Kinder und Lämmer haben ja auch wesentliche gemeinsame Eigenschaften. Sie sind verspielt und kennen noch keine Gefahren.

In einer Schafhaltung sollte das Schaf für kleinere Kinder kein Spielzeug, und Schafweide und Stall sollten keine Spielwiese sein. Selbst bei einem zuverlässigen Bock gibt es gewisse Gefahren für die Kinder, und auch zahme Schafe können durch Schreck- und Fluchtreaktionen ungewollt Unfälle hervorrufen. Deshalb ist der Aufenthalt von kleinen Kindern bei den Schafen ohne Aufsicht nicht zu gestatten.

Sobald die größeren Kinder im Alter von acht bis zehn Jahren den notwendigen »Schafverstand« haben, ist der selbständige Umgang mit den Schafen eine schöne Sache.

Manche Kinder haben für Schafe eine Vorliebe, die über das normale Interesse hinausgeht und die auch eine gewisse Beständigkeit zeigt. Diese Kinder können durch ein eigenes Lamm oder Schaf ganz besonders motiviert werden.

Kinder, die an der täglichen Schafwirtschaft wenig Interesse haben, sollte man nicht unnötig zu mehr Aktivität zwingen, als sie selber entwickeln. Während einer gelegentlichen beruflich bedingten Abwesenheit kann man größere Kinder durchaus mit bestimmten Aufgaben betrauen. Man sollte aber darauf achten, daß das Hobby Schafe nicht in Arbeit ausartet, und daß die Freude nicht zu kurz kommt, weil die Kinder dann das Interesse schnell verlieren.

Wie manche Erwachsene, wollen Kinder kein Fleisch von den selbst gehegten Lämmern essen. Hier muß man mit Gefühl und ohne Zwang vorgehen. Wenn Kinder frühzeitig damit vertraut werden und die Eltern den Verzehr von eigenem Lammfleisch als Selbstverständlichkeit demonstrieren, gibt es meist keine Probleme.

Die Notwendigkeit der Schlachtung von Haustieren für die menschliche Ernährung kann den Kindern frühzeitig erklärt werden. Beim Schlachten, Häuten und Zerteilen sollten kleinere Kinder aber nicht zugegen sein.

Die Verarbeitung und Verwendung der eigenen Schafwolle für allerlei Handarbeiten bereitet Jungen wie Mädchen fast immer viel Spaß und Freude.

Schafe sind für Kinder eine Haustierart, an der sie natürliche Lebensvorgänge, nötige Fürsorge und Pflege und vielseitigen Nutzen hautnah erleben können, was gerade in der heutigen technisierten Welt von unschätzbarem Wert ist.

Der Hund des Koppelschafhalters

An einen Hütehund in der Hüteschafhaltung werden aufgrund seiner vielfältigen Aufgaben höhere Anforderungen gestellt, als an einen Hund, der in der Koppelschafhaltung eingesetzt wird. Braucht man für die Koppelschafhaltung überhaupt einen Hund oder kann man die Tiere auch auf andere Weise treiben? Schafe, die an regelmäßige Kraftfuttergaben gewöhnt sind, lassen sich mit dem Kraftfuttereimer gerne leiten. Führt der Weg jedoch im Sommer durch landwirtschaftliche Kulturen, wäre eine Verladung im Anhänger, wie bereits gesagt, vorteilhafter. Es ist also nicht unbedingt ein Hund erforderlich.

Ein mäßig oder schlecht ausgebildeter Hund kann weitaus mehr schaden, als er bei den Schafen nutzen kann. Kauft man einen bereits ausgebildeten und deshalb meist teuren Hund, sollte man auch selbst in der Lage sein, die entsprechenden Kommandos geben zu können, an die der Hund gewöhnt ist. Sinnvoller ist es, man bildet sich für seine Verhältnisse und Bedürfnisse einen jungen Hund selbst aus, vorausgesetzt, man hat dafür die notwendige Zeit und Geduld und auch die Kenntnisse.

Als Hütehunde eignen sich Altdeutsche und Deutsche Schäferhunde sowie deren Kreuzungen. Auch englische Hütehunde werden gerne verwendet. Aber auch andere Rassen können als Koppelhunde geeignet sein.

Ausbildungsgrundsätze

Soll ein junger Hund für die Koppelhaltung ausgebildet werden, kann man ihn schon im Alter von drei Monaten zum Kennenlernen mit zu den Schafen nehmen. Er sollte aber immer an der Leine geführt werden, damit er bei Gefahr und Angstsituationen geschützt ist. So gewöhnen sich auch die Schafe an den Hund. Bevor der Hund aber beginnen kann, mit den Schafen zu arbeiten, muß er erst die erforderlichen Gehorsamsübungen lernen und beherrschen.

Dafür empfiehlt es sich, mit dem Hund beim örtlichen Schäferhundeverein an speziellen Übungen teilzunehmen.

Bis der Hund im Alter von etwa einem Jahr bei den Schafen eingesetzt werden kann, sollte er folgende Gehorsamsübungen beherrschen:

Übung	Kommando
Frei laufen (links vom Begleiter ohne Leine)	»Fuß«
Stehen	»Steh«
Herankommen	»Hier«
Ablegen	»Platz«
Sitzen	»Sitz«

Bei dieser Ausbildung ist das Schlagen mit der Leine, einem Stock o. ä. verboten, will man den Hund nicht verderben. Richtig eingesetzter Tadel »Pfui« und Lob sind weit bessere Erziehungsmethoden. Manche Hunde sind talentierte Hütehunde, andere lernen die gestellten Anforderungen nicht so schnell. Hundeausbildung erfordert viel Geduld. Manchmal liegt der ausbleibende Erfolg auch am Ausbilder.

Das Schaf in Gesellschaft mit anderen Tieren

Die Haltung von Schafen war früher auf den Bauernhöfen üblich und nützlich. Sie wurden meist mit anderen Tieren zusammen auf der Weide gehalten. Beim gemeinsamen Weidegang mit anderen Haustieren müssen unterschiedliche Gegebenheiten berücksichtigt werden, wenn die Weidegemeinschaft erfolgreich sein soll.

Schafe und Rinder

Die gemeinsame Haltung von Rindern und Schafen auf der Weide hat in nordischen Ländern eine lange Tradition. Diese beiden Wiederkäuer haben etwa die gleichen Ansprüche an die Weide und vertragen sich sehr gut. Schafe haben einen tieferen Verbiß als Rinder, so daß von dieser Tiergemeinschaft auch die Grasnarbe profitiert. Einen ganz besonderen Dienst erweisen die Rinder den Schafen bei Gefahr durch streunende Hunde. Rinder greifen Hunde an und halten sie so von den Schafen ab.

Schafe und Pferde

Schafe und Pferde – ehemals waren beide Steppenbewohner – passen auf der Weide und auch im Stall sehr gut zueinander, wenn der Weidebesatz nicht zu dicht ist. Pferde verbeißen die Grasnarbe noch tiefer als die Schafe, so daß ein Überbesatz für die Weide schädlich wäre. Bei Nässe zerstören die Pferde mit ihren Hufen die Grasnarbe, wenn sie nicht vorübergehend im Stall gehalten werden.

Schafe und Ziegen

Schon rein größenmäßig passen diese beiden kleinen Wiederkäuer sehr gut zusammen – trotz verschiedener Verhaltensweisen.

Während Schafe einen ausgeprägten Herdentrieb haben, sind Ziegen nämlich durch ihren »Ziegen-Verstand« nicht so leicht zu lenken. Andererseits sind Ziegen den Schafen in Vielem überlegen und setzen sich sogar mit Beißen durch. Ziegen sind neugieriger und beweglicher als Schafe. In Südafrika werden deshalb den Schafherden Ziegen zugeteilt, da diese Tiere die Wasserstellen schneller finden. Die Zäune müssen bei gemeinsamer Haltung wegen der Ziegen ausbruchsicherer geführt sein. Gehörnte Ziegen stellen beim Kämpfen eine Gefahr für die Schafe dar; deshalb sollten nur hornlose Ziegen zu den Schafen kommen. Mit einigen Ziegen in der Schafherde können verbuschte Weiden wieder fast völlig vom Buschwerk befreit werden, da Ziegen besondere Liebhaber von Strauchwerk sind.

Im übrigen ist die Ziegenmilch ein hervorragender Muttermilchersatz für Problemlämmer. Die meisten Ziegen nehmen verwaiste Schaflämmer gerne an.

Hygienische Gründe, die gegen eine gemeinsame Haltung von Schafen und Ziegen sprechen, gibt es nicht.

Schafe und Enten

Obwohl Schafe und Enten recht unterschiedliche Haustiere sind, passen sie sehr gut als gemeinsame Weidetiere zueinander und sind sich sogar eine gegenseitige Hilfe.

An den Stellen, wo vermehrt Kot abgesetzt wird, fressen die Schafe das Gras nicht mehr. So wächst das Gras weiter und schließlich bilden sich auf der Weide inselähnliche Stellen mit hohem Bewuchs, sogenannte Geilstellen. Bei der Suche nach allerlei Weichtieren drehen die Enten den Schafkot um, der dadurch schneller trocknet und verteilt wird und auch nicht mehr so stark riecht. Bei optimalem Schaf-Enten-Besatz entstehen deshalb kaum Geilstellen auf einer Weide. Pro Schaf sollte eine Ente gehalten werden.

Auf der Standweide wie auf der Umtriebsweide ist die Entenhaltung ideal. Enten sind fleißige Schneckenjäger und verzehren täglich zwischen 20 und 50 Schnecken. Unter diesen Schädlingen befindet sich auch die Zwergschlammschnecke – der Zwischenwirt des Leberegels. Enten sind auf der Weide keine Nahrungskonkurrenten des Schafes, denn sie fressen wohl Samenkörner, aber nur relativ wenig Gras. Die Rasse der Steicher-Enten soll übrigens ein besonders intensiver Schneckenvertilger sein. Für diesen Zweck eignen sich aber auch die meisten anderen Entenrassen.

Setzt man Enten für die Schneckenvertilgung ein, sollten sie bei Weidebeginn mindestens 4 Wochen alt sein, damit sie die gestellten Aufgaben erfüllen können.

Mit den Enten kann man ohne große Futterkosten auf der Schafweide eine kleine Nebeneinnahme erzielen und die Weide dabei sauberhalten.

Enten entwickeln sich am besten, wenn sie eine Wasserstelle haben. Dabei ist aber höchste Vorsicht geboten: Die Schafe, und vor allem die Lämmer sollten zum Entenwasser keinen Zugang haben, da dieses Wasser als Trinkwasser gefährlich ist. Das Wasser in Pfützen und im Ententeich ist sehr verschmutzt und enthält viele Keime, die besonders für Lämmer meist lebensgefährlich sind.

Seite 33:
An der Aufzucht von sogenannten Flaschenlämmern haben Kinder viel Freude und sind bei der regelmäßigen Fütterung meist sehr verantwortungsbewußt.

Seite 34:
Handzahme Schafe machen Kindern die Kontaktaufnahme besonders leicht. Wenn die Schafe die Zuneigung erwidern, indem sie aus der Hand fressen und sich auch streicheln lassen, ist die Begeisterung bei den Kindern groß.

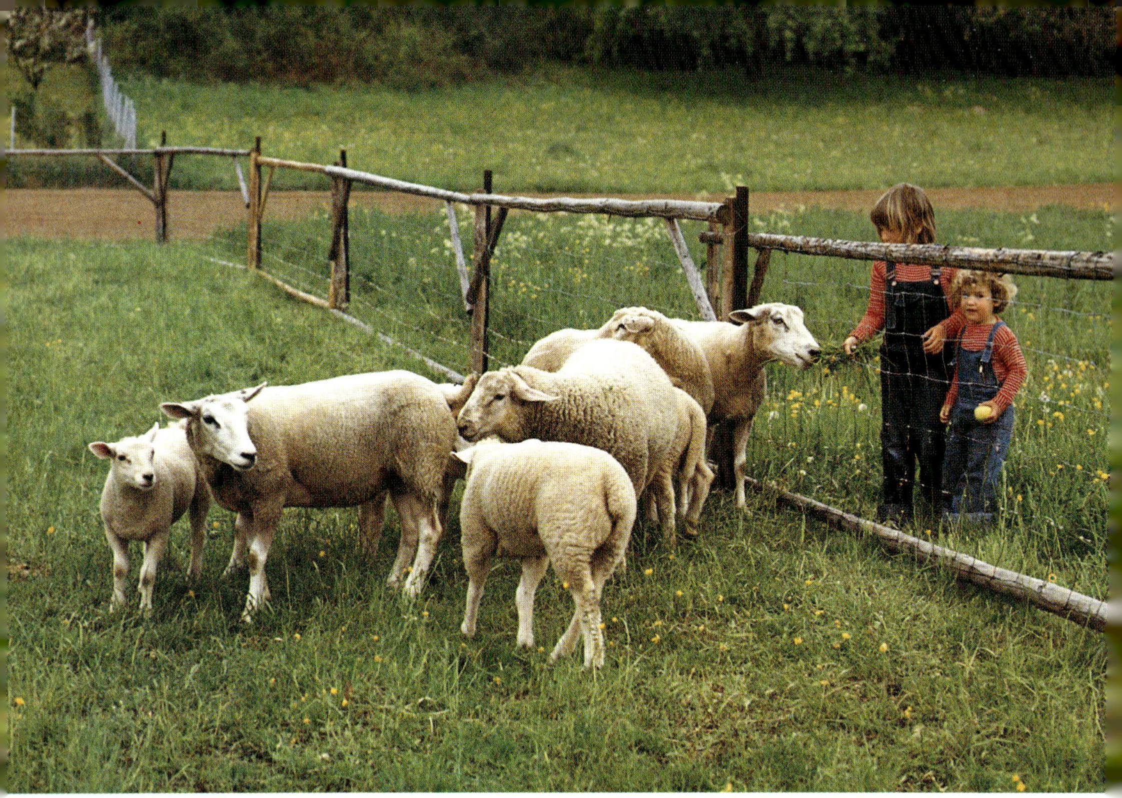

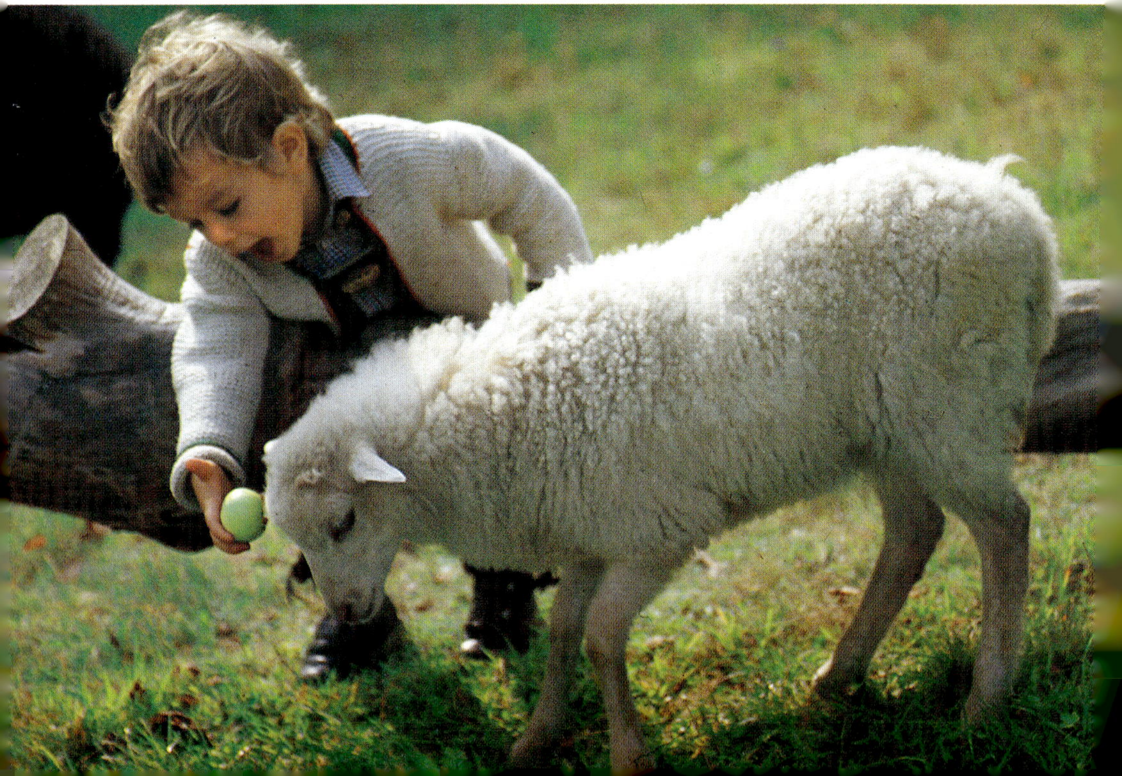

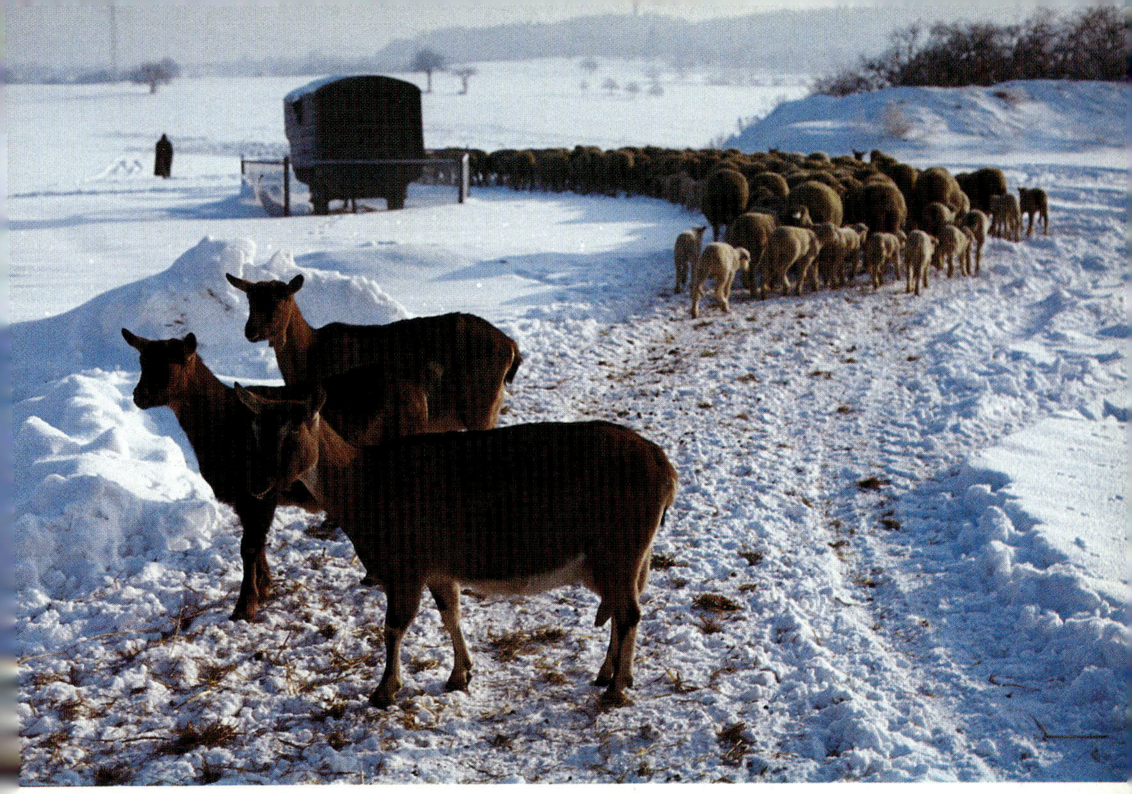

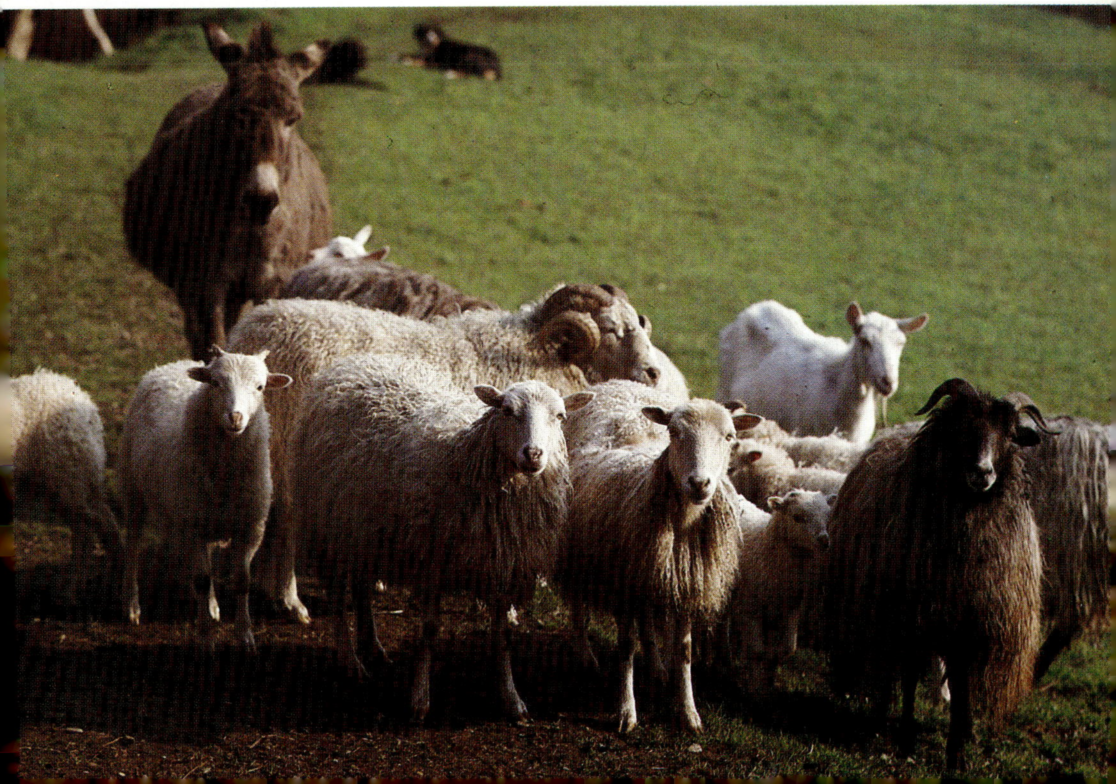

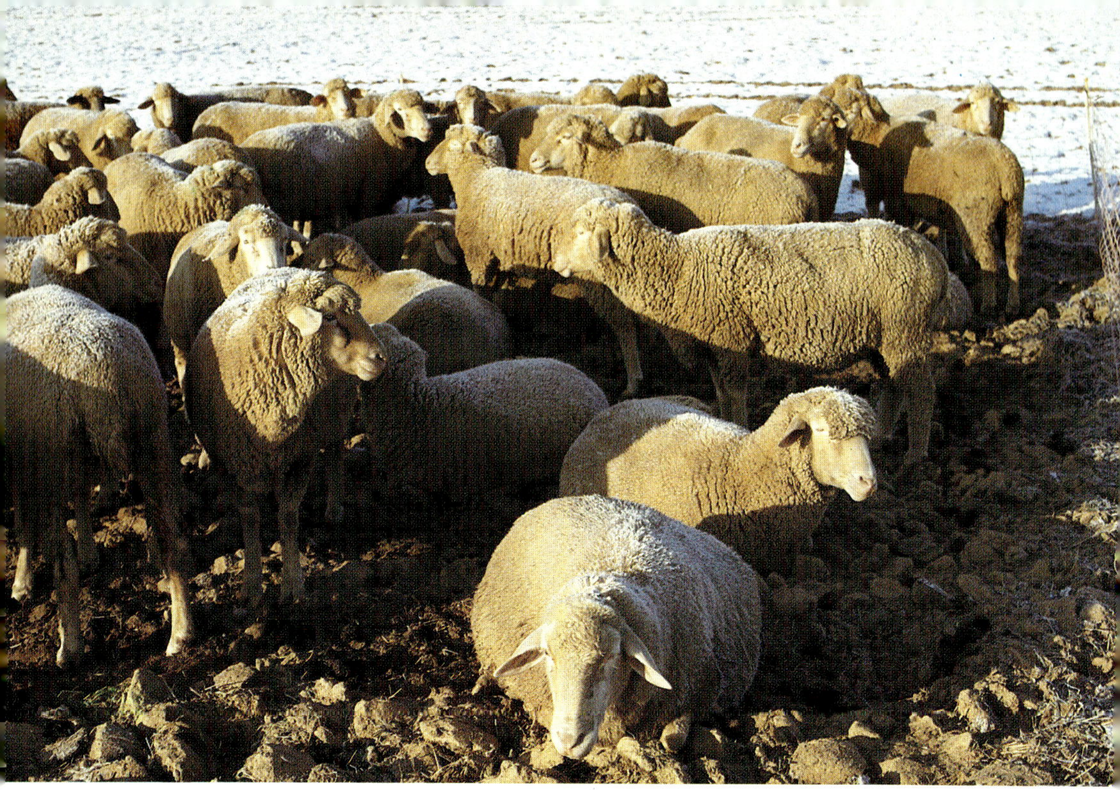

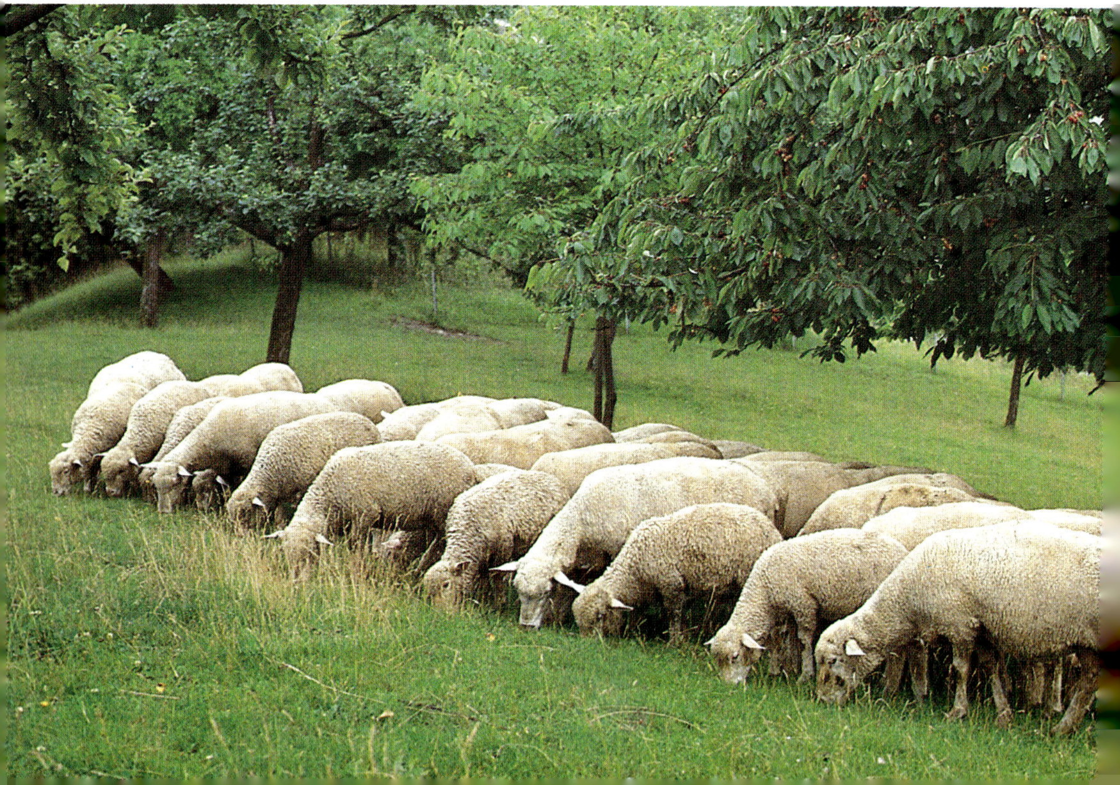

Schafe und Gänse

Gänse sind als Weidegefährten des Schafes weniger geeignet als Enten, können aber bei der Nachweide der Schafkoppel nützlich sein. Die Gans bevorzugt Klee und ist damit ein Nahrungskonkurrent des Schafes. Außerdem sind Schafe sehr geruchsempfindlich gegen Gänsekot. Ein Vorteil ist, daß die Gänse das Gras der Geilstellen abfressen und gelegentlich auch Schnecken verzehren. Um einen optimalen Weideerfolg zu erzielen, müssen die Gänse aber immer den Schafen nachweiden, da die vielen Gänsefedern auf der Weide die Futteraufnahme der Schafe beeinträchtigen können.

Schafe und Hühner

Schafe und Hühner sollten aus hygienischen Gründen nicht zusammengehalten werden. Außerdem zerstören die Hühner die Grasnarbe, wenn sie auf einer kleineren Fläche als 30 m² je Huhn gehalten werden.

Seite 35:
Schafe können gut mit anderen Haustieren zusammen gehalten werden. Ziegen gehen manchmal gern ihre eigenen Wege. Eine gemeinsame Haltung verschiedener Tierarten und Schafrassen ist heute vielfach auf Jugendfarmen als Anziehungspunkt beliebt.

Seite 36:
Merinolandschafe können auch bei Schnee und Kälte dank ihres dichten Vlieses die Nacht auf dem Pferchacker verbringen. Merinofleischschafe bei der Beweidung von Obstwiesen. Dabei werden von den Schafen erreichbare Früchte sehr gerne verzehrt.

Schafrassen

Herkunft der Schafe

Das Schaf ist eines der ältesten Haustiere des Menschen und wurde bereits vor etwa 10 000 Jahren domestiziert. Der Merkmalsreichtum der heutigen Schafrassen hat seine Ursachen in der züchterischen Auslese, aber auch in den vielfältigen Erscheinungsformen der Vorfahren. So sind beispielsweise Horn- und Ohrform, Wollbeschaffenheit, Schwanzform und Schwanzlänge für die Herkunft der heutigen Schafrassen aufschlußreich.

Schafe mit langem Schwanz (mehr als 13 Wirbel): Dazu zählen die europäischen Wollschafe, die Merinos, Schwarzkopf, Texel, Bergschafe usw. Wird bei diesen Schafen der Schwanz nicht kupiert, werden Schwanzlängen erreicht, die fast bis zum Boden reichen. Als Urahn dieser Rassengruppe gilt der Arkal, ein schafähnliches Tier, das heute noch in kleinen Herden in Zentralasien weidet.

Schafe mit kurzem Schwanz: In diese Gruppe sind die Heidschnucken und verschiedene andere Landschafrassen einzureihen. Als Stammvater dieser Rassengruppe ist der Mufflon anzusehen, den es in Europa noch in Wildform gibt. Es ist in Süddeutschland schon vorgekommen, daß Mufflonböcke in einen Schafpferch eingedrungen sind und bei den Mutterschafen für Nachwuchs gesorgt haben.

Die Vielfalt der Schafrassen

Von den etwa 300 Schafrassen auf der Welt sollen nur die für den Schafhalter kleiner Bestände wichtigen Rassen vorgestellt werden. Stärkste Rassegruppe in der Bundesrepublik Deutschland ist das Merinolandschaf.

Entwicklung der verschiedenen Schafrassen

Stetige, konsequente Auslese von Schafen kann zu Veränderungen innerhalb einer Rasse oder aber zur Bildung einer neuen Rasse führen. In der Schafzucht wird dies besonders deutlich, da neben wirtschaftlichen Aspekten auch klimatische Verhältnisse und vorgegebene Hauptnutzungsrichtungen das jeweilige Zuchtziel beeinflußt haben. Die unterschiedliche Bedeutung der einzel-

Anteil verschiedener Schafrassen am Gesamtbestand der Bundesrepublik Deutschland
Gesamtbestand: 1.176.209 Tiere

Marinolandschaf	42	%
Schwarzköpfiges Fleischschaf	25	%
Texel	8	%
Weißköpfiges Fleischschaf	7,5	%
Merinofleischschaf	2,5	%
Heidschnucken	1,6	%
Bergschafe	1,6	%
Milchschafe	1,6	%
Rhönschafe	0,3	%
Blauköpfiges Fleischschaf	0,2	%
Bentheimer Landschafe	0,01	%
Leineschafe	0,01	%
andere Rassen	0,68	%
Kreuzungen	9	%

(Quelle: Schafproduktion 1980 VDL, AID)

Merinolandschaf

nen Ziele soll im folgenden kurz beschrieben werden.

Wolle: In Regionen mit hohen Niederschlagsmengen haben sich Schafrassen mit grober Wolle wesentlich besser bewährt, da ihr grobwolliges Vlies schneller trocknet und dadurch Erkältungskrankheiten vermindert auftreten. Jedoch ist festzuhalten, daß bisher feinere Wolle immer weitaus besser bezahlt wurde als grobe Wolle.

Fleisch: Eine gezielte Zuchtauslese auf überdurchschnittliche Bemuskelung und Mastleistung war nur in Gebieten mit bester Futtergrundlage erfolgversprechend. In Regionen mit satten Weiden oder Ackerfutterbau haben sich daher die heutigen Fleischschafrassen entwickelt, wie z. B. das Merinofleischschaf in den Ackerbauregionen Mitteldeutschlands.

Milch: Die Milchproduktion eines Mutterschafes ist für das Anfangswachstum der Lämmer sehr wichtig. Diese Produktion wird auch mit dem Begriff der Säugeleistung umschrieben. Bei der Zuchtauslese der Muttertiere wurde schon immer auf dieses Merkmal Wert gelegt. Schafe mit besonders hoher Milchleistung entwickelten sich mit der Zeit zur »Kuh des Kleinen Mannes« – vergleichbar mit den Ziegen. Heute ist das Milchschaf eine Schafrasse, die zusätzlich Milch liefert und in allen Bevölkerungsschichten als Milchlieferant gehalten wird.*

---

* Es könnten durchaus auch andere Rassen gemolken werden. Aufgrund der konsequenten Züchtung auf Milchleistung eignet sich das heutige Milchschaf wegen der höheren Milchleistung und der guten Melkbarkeit für die Milchgewinnung am besten.

39

Übersicht über die wichtigsten Schafrassen

Fleischschafrassen

	Merinoland-schaf	Merinofleisch-schaf	Dt. Schwarz-köpfiges Fleischschaf	Weißköpfiges Fleischschaf	Texel	Suffolk
Gewicht Böcke	110–140	100–130	100–130	100–120	100–120	90–110
Gewicht Mutterschafe	60–90	60–80	65–80	70–80	60–80	60–80
Brunstverhalten	asaisonal	asaisonal	saisonal mit längerer Brunstsaison	saisonal mit längerer Brunstsaison	saisonal	saisonal
Erstzulassungs-alter (Monate)	10–15	10–15	9–18	9–18	9–18	9–18
Jahresschur-ertrag der Mutterschafe in kg	4–5	4–5	4–5	5–6	4–5	3–4
Wollfeinheit	AB/ABB	AA–AB	BC–CD	CD–DE	C–CD	AB–C
Futteransprüche	mittelhoch	hoch	mittelhoch	hoch	hoch	hoch

Milchschafe und Landschafrassen

	Dt. Milchschaf (weiß, schwarz, braun)	Bergschaf (weiß, braun)	Fuchsschaf	Heidschnucken
Gewicht Böcke	90–120	70–100	60–90	60–70
Gewicht Mutterschafe	60–90	60–70	50–60	40–50
Brunstverhalten	saisonal	asaisonal	saisonal	saisonal
Erstzulassungsalter (Monate)	8–10	10–12	9–18	9–18
Jahresschurertrag der Mutterschafe in kg	4–5	4,5–5,5	2–3,5	1,5–3
Wollfeinheit	C–C/D	CD–D	B–B/C	E–
Futteransprüche	sehr hoch	mittel	mittel	gering–mittel

Welche Rasse ist die beste?

Beim Kauf von Schafen wird die Rassenwahl von einigen betriebsspezifischen Faktoren mitbestimmt. Es ist zu überlegen: Sollen die Schafe in Hüte- oder Koppelschafhaltung oder gar im Stall gehalten werden? Ist neben Fleisch und Wolle auch noch Milchgewinnung erwünscht? Stehen sehr gute, mittlere oder karge Futterflächen zur Verfügung?

Bezüglich der Futterkosten gilt das alte Schäfersprichwort als guter Rat:

**Je teurer das Futter,
desto kleiner die Mutter!**

Dies bedeutet, daß bei teurem Winterfutter eine Rasse mit niedrigem Mutterschafgewicht günstiger ist, als eine schwere Rasse, weil die leichten Rassen auch weniger Erhaltungsfutter brauchen. Heute ist allerdings der Erhaltungsfutterbedarf eines Mutterschafes nur noch von untergeordneter Bedeutung, da größere und schwerere Schafe zwar mehr Futter aufnehmen aber auch höhere Leistungen aufweisen. Auf steilen Weiden eignen sich Mutterschafe mit mittleren Gewichten am besten. Bei der Entscheidung für eine bestimmte Rasse spielt neben der Klimazone des Betriebsstandortes (Wollfeinheit) auch das vorhandene Fachwissen des Schafhalters eine nicht

unwesentliche Rolle. Ein Anfänger auf dem Gebiet der Schafhaltung sollte nie mit einer hochleistungsfähigen und äußerst anspruchsvollen Schafrasse beginnen.

In der Regel ist einer heimischen Rasse, die sich unter den gegebenen Umweltbedingungen seit Jahrzehnten bewährt hat, der Vorzug zu geben. Gelegentliche Fütterungs- und Haltungsfehler wirken sich bei solchen Tieren meist nicht so stark aus. Jede Rasse hat andere Bedürfnisse und Veranlagungen und nicht jede Rasse ist für den Anfängerbetrieb geeignet.

Eine Wunderrasse, die bei extensiver Haltung Höchstleistungen erbringt, gibt es nicht.

Wenn eine Schafhaltung nicht funktioniert, ist in der Regel nicht die Schafrasse, sondern der Betrieb und letztendlich der Betriebsleiter mit seiner unzureichenden Betreuung die Ursache.

Es ist aber nicht der wirtschaftliche Erfolg allein, der bei der Schafhaltung zählt, zumal wenn man nur wenige Tiere hält. Man sollte auch Tiere einer Rasse halten, die einem Freude bereiten, die man gerne sieht, ja für die man sich sogar begeistern kann.

Rassebeschreibungen

Merinolandschaf

Für alle Rassen haben die Zuchtorganisationen entsprechend dem Zuchtziel

Rassebeschreibungen festgelegt. Die Beschreibung des Körperbaues für das Merinolandschaf sei hier als Beispiel genannt:

Ein mittelgroßes bis rahmiges Schaf mit keilförmigem, langem Kopf, mit typischem Wollschopf und breiten, leicht hängenden Ohren.

Die Brust ist breit und genügend vorgeschoben.

Die Mittelhand ist möglichst lang, mit straffem, breitem Rücken, guter Rippenwölbung und langen, tiefen Flanken.

Die Hinterhand zeigt ein langes, breites Becken und gut bemuskelte Innen- und Außenkeulen.

Hautfalten sind unerwünscht.

Die weiße Wolle hat Merinocharakter mit einem ausgeglichenen Sortiment von AB-ABB 25–28 μ.

Das Merinolandschaf ist in Süddeutschland am meisten verbreitet. Seine Vorfahren stammen aus Spanien. Um 1800 wurden spanische Feinwollschafe (Ovejas merinos = Wanderschafe) mit den einheimischen Landschlägen gepaart, um die hohen Preise für feine Wollen zu nutzen. Nach langer Selektion ist eine Rasse entstanden, welche die bekannte Merinowolle liefert, die sich besonders für die Herstellung hochwertiger feiner Garne und Tuche eignet.

Aufgrund der jahrhundertelangen Anpassung an die Verhältnisse in Süddeutschland ist die Rasse sehr widerstandsfähig und robust (vor allem gegen Erkrankungen der Atemwege).

In der Wanderschafhaltung sind diese Schafe wegen ihrer hervorragenden Marsch- und Pferchfähigkeit unersetzlich.

Daneben gibt es Lämmer zu jeder Jahreszeit – das Merinolandschaf hat ein asaisonales Brunstverhalten und kann somit auch zu jeder Jahreszeit angepaart werden.

Drei Lammungen in zwei Jahren sind möglich, wenn eine sehr gute Fütterung und Haltung gewährleistet ist.

Merinofleischschaf

Ebenfalls spanische Vorfahren hat das Merinofleischschaf, das der zusätzlichen Einkreuzung von verschiedenen englischen und französischen Fleischschafrassen sein heutiges Erscheinungsbild verdankt. Merinofleischschafe werden in Niedersachsen, in der DDR und in Polen gehalten und weisen in manchen Zuchtrichtungen noch Horn und starke Hautfalten auf – wie die spanischen Vorfahren.

Mittlerer Rahmen, beste Bemuskelung und hervorragende Schlachtkörperqualität kennzeichnen diese Rasse. Merinofleischschafe liefern die feinste Wolle aller in Deutschland gezüchteten Rassen. Die Feinheit der Wolle, der kleinere Rahmen, der breite Kopf sowie die abstehenden Ohren sind die Hauptunterscheidungsmerkmale zum Merinolandschaf.

Merinofleischschafe wurden früher vorwiegend auf Ackerbaubetrieben mit guter Futtergrundlage gehalten. Diese

Rasse eignet sich sowohl zur ganzjährigen Stallhaltung als auch zur Koppelhaltung. Für niederschlagsreiche Gebiete ist diese Schafrasse jedoch wegen der feinen Wolle nicht geeignet, sofern kein Stall für Regenperioden zur Verfügung steht.

Deutsches Schwarzköpfiges Fleischschaf

In der zweiten Hälfte des letzten Jahrhunderts haben die billigen überseeischen Wollen den deutschen Wollmarkt überschwemmt und damit das Preisniveau verringert. Die deutschen Schafhalter mußten nun ihr Glück in der Fleischproduktion suchen und eine neue, geeignete Rasse finden. Deshalb wurde in dieser Zeit in Westfalen und Ostpreußen damit begonnen, englische Böcke (Southdown, Hampshire und Oxford) in die damalige Feinwollrasse einzukreuzen. So entstand das Deutsche Schwarzköpfige Fleischschaf, das hinsichtlich der Nutzungsmöglichkeiten zu den vielseitigsten Schafrassen zählen dürfte.
Schwarzköpfe haben einen schwarz pigmentierten Kopf mit einer ausgeprägten Wollschaube und schwarze Beine. Das Wollvlies ist weiß. Die Lämmer werden mit einem schwarzen Fell geboren, das sich dann aber allmählich weiß färbt.
Diese Rasse ist für Hüte-, Koppel- und Stallhaltung geeignet. Böcke werden hin und wieder zu Kreuzungszwecken eingesetzt.

Durch die Frühreife der Lämmer empfiehlt es sich, weibliche Lämmer bei etwa 38 kg und männliche Lämmer bei etwa 42 kg zu schlachten, um einer möglichen Verfettung vorzubeugen. Die Bemuskelung der Mastlämmer läßt kaum Wünsche offen.

Deutsches Weißköpfiges Fleischschaf

Die Veränderungen der Schafhaltung im letzten Jahrhundert haben auch die Marschschafe Norddeutschlands nicht verschont. Auch hier wurden wegen der stärkeren Betonung der Fleischleistung verschiedene englische Rassen eingekreuzt.
In letzter Zeit kamen auch Böcke der Rassen Texel und Berrichonne du Cher im Zuchtprogramm zum Einsatz. Durch die laufenden Einkreuzungen hat sich das Erscheinungsbild der Rasse entsprechend geändert.
Weißköpfe sind mittel- bis großrahmige Schafe und haben eine weiße Wolle. Der ganze Körper weist eine gute Bewollung auf. Der weißbewollte Kopf gibt der Rasse den Namen. Sie sind auch als Deichschafe bekannt und liefern die bekannte, lang abgewachsene Eiderwolle.
Weißköpfige Fleischschafe eignen sich für Koppel- und Hütehaltung, stellen aber in der heutigen Zucht gewisse Anforderungen an eine gute Futtergrundlage. Weißköpfe werden vorwiegend im norddeutschen Küstengebiet gehalten.

Texel

Das Texelschaf ist auf der holländischen Insel Texel beheimatet und wurde erstmals vor etwa zwanzig Jahren in die Bundesrepublik Deutschland importiert. Die Rasse hat sich inzwischen den hiesigen Verhältnissen angepaßt und ist in ganz Deutschland verbreitet.

Texelschafe sind für ihre hervorragende Bemuskelung und Fleischfülle bekannt. Nicht nur die Keulenform, sondern auch die gesamte Fleischfülle entspricht den höchsten Anforderungen. Texel haben einen typischen keilförmigen Kopf mit häufigen schwarzen Pigmentflecken und einen relativ kurzen Hals.

Texel sind für Koppelhaltung und Intensivhaltung besonders gut geeignet. Böcke dieser Rasse werden zur Schlachtlämmererzeugung bei asaisonalen Rassen eingekreuzt.

Suffolk

Suffolk-Schafe sind in Großbritannien beheimatet und wurden von dort nach Frankreich exportiert. Aus französischen Zuchtbetrieben kamen diese Schafe seit 1975 auch nach Deutschland und werden hier züchterisch betreut.

Suffolks besitzen gewisse Ähnlichkeiten mit dem Deutschen Schwarzköpfigen Fleischschaf, sind aber etwas kleiner im Rahmen und haben einen unbewollten, schwarzen Kopf. Besonders stark ausgeprägt sind die fleischtragenden Körperpartien Brust, Rücken und Keule.

Für Stall- und Koppelhaltung ist diese Schafrasse gut geeignet. Suffolk-Böcke werden auch zu Kreuzungszwecken z.B. mit Merinos eingesetzt.

Deutsches Milchschaf

Das weltbekannte Ostfriesische Milchschaf wird heute auch unter der Rassebezeichnung »Deutsches Milchschaf« geführt und ist inzwischen in ganz Deutschland und im benachbarten Ausland stark verbreitet. Immer mehr Liebhaber zeigen Interesse an dieser Schafrasse.

Milchschafe haben einen schmalen, ramsnasigen Kopf mit nach vorn gerichteten Ohren. Der unbewollte Schwanz ist das sicherste Erkennungszeichen. Das Milchschaf wird auch in einem schwarz-braunen Typ gezüchtet. Das Euter der Milchschafe soll geräumig und fest angesetzt sein, mit langen, nach unten angesetzten Strichen.

Das Milchschaf erbringt vierfachen Nutzen, es eignet sich als Lieferant von Fleisch, Wolle, Fellen und zusätzlich zur Milchgewinnung.

Milchschafe sind anhängliche und sensible Tiere, die nicht ohne weiteres in größeren Beständen (über 25 Mutterschafe) gehalten werden sollten.

Für Koppel- und Stallhaltung ist diese Rasse bestens geeignet, sogar für die Einzelhaltung.

Bergschaf (weiß und schwarz-braun)

Das Bergschaf ist im Alpenraum beheimatet und wurde aus mehreren Bergschaftypen wie z. B. dem Bergamasker Schaf herausgezüchtet.

Bergschafe sind mittelgroße Tiere. Ihr unbewollter, ramsnasiger Kopf, sowie die sehr langen, herabhängenden Ohren machen diese Schafrasse leicht erkennbar. Heute gibt es in Bayern neben den ursprünglich weißen Tieren auch eine Zuchtrichtung mit braunem bis schwarzem Vlies.

Bergschafe eignen sich für Koppel- und Herdenhaltung, ganz besonders für die Beweidung im Hochgebirge und auf anderen Steillagengebieten, denn diese Schafe besitzen eine besondere Steig- und Trittsicherheit.

Regionale Landrassen

Bis zum letzten Jahrhundert gab es in Deutschland bei allen Tierarten noch viele Rassen und Landschläge. Seit dem Einzug des absoluten Wirtschaftlichkeitsgedankens in der Tierhaltung wurde durch Einkreuzung von wirtschaftlich überlegenen Rassen eine große Anzahl alter Rassen verdrängt.

Nur wenige alte Landrassen haben sich in der Reinzucht erhalten. Sie verdienen es, auch weiterhin erhalten zu werden. Es wäre schade, wenn Rassen wie Rhönschaf, Fuchsschaf oder ostpreußische Skudden verschwinden würden.

Fuchsschaf

Die unter dem Namen »Coburger Füchse« bekannte Schafrasse war früher auf den Muschelkalkböden von Franken und Thüringen beheimatet. Der Rückgang der Schafhaltung in dieser Region hat diese Rasse fast aussterben lassen. Heute erfreuen sich Fuchsschafe auch außerhalb der angestammten Heimat wieder größerer Beliebtheit.

Beim Fuchsschaf sind der unbewollte Kopf und die Beine fuchsrot gefärbt. Die Lämer werden in rotbraunem Fell geboren, das nach drei bis sechs Wochen seine intensive Farbe verliert. Die Wolle hat eine besondere Färbung durch pigmentierte Haare, auch beim erwachsenen Tier. Nicht umsonst wird das Vlies der Füchse auch als »Goldvlies« bezeichnet.

Diese Schafe eignen sich für alle Haltungsformen, besonders aber für Betriebe in Mittelgebirgslagen. Fuchsschafe sind noch in der Lage, auch unter ungünstigen Haltungsbedingungen zu leben. Bei guten Bedingungen können sich Fuchsschafe mit anderen Schafrassen ohne weiteres messen.

Heidschnucken

Den Begriff »Heidschnucken« verbinden die meisten Menschen mit der Lüneburger Heide, die ohne diese Schafe nicht in der Form bestehen würde. Durch Abfressen der Heidevegetation pflegen und erhalten die

Heidschnucken die typische Gestalt dieses Erholungsgebietes. Heute ist diese Rasse in der ganzen Bundesrepublik verbreitet. Ihre Hörner, ihre grobe Wolle und der kurze Schwanz weisen auf den Mufflon als Stammvater hin. Bei den Schnucken unterscheidet man drei verschiedene Untergruppen:

Die Graue Gehörte Heidschnucke wird mit schwarzem Fell geboren. Mit zunehmendem Alter färbt sich die Wolle allmählich grau. Kopf und Beine bleiben schwarz. Böcke tragen schnekkenförmige, die weiblichen Tiere nach hinten gebogene Hörner.

Graue Gehörnte Heidschnucken werden vorwiegend auf den trockenen, sandigen Heidegebieten gehalten.

Weiße Ungehörnte und Weiße Gehörnte Heidschnucken sind zwei weitere Varianten von Schnucken, welche vorwiegend in den feuchten Moor- und Geestgebieten Niedersachsens gezüchtet werden.

Heidschnucken gelten als anspruchslose und »pflegeleichte« Schafe. Aber auch sie brauchen Klauenpflege, regelmäßige Beaufsichtigung und medizinische Betreuung. Unter ungünstigen Bedingungen bringen sie dennoch höhere Leistungen als beispielsweise ein anspruchsvolles Fleischschaf.

Die Auswahl der Tiere

Leistungsmerkmale in der Schafzucht

Nicht nur in der Herdbuchzucht (Zuchttiere sind im Zuchtbuch eines Zuchtverbandes eingetragen), sondern auch in einer Gebrauchszucht müssen verschiedene Leistungsmerkmale berücksichtigt werden. Die meisten Schafhalter wollen doch schöne fruchtbare Schafe, die eine dichte Wolle haben und deren Lämmer ein mageres Lammfleisch liefern. Deshalb sollte jeder Schafhalter ein wenig Herdbuchzüchter bei der Auswahl seiner Zuchttiere sein.

Fruchtbarkeit

Auch in Kleinschafhaltungen ist die Fruchtbarkeit der Schafe wichtig, zumal man bei nur wenigen Muttertieren der Aufzucht von Zwillings- und Problemlämmern meist mehr Beachtung schenken kann, als dies bei einer großen Herde möglich ist. Die Zahl der geborenen, wie auch die Zahl der aufgezogenen Lämmer pro Mutterschaf ist von erblichen und umweltbedingten Faktoren abhängig.

Der *genetische Anteil* an der Fruchtbarkeit ist nur langfristig durch züchterische Maßnahmen zu verbessern. Zwischen den Rassen bestehen jedoch große Unterschiede in der Fruchtbarkeitsleistung.

Dagegen sind die *umweltbedingten Faktoren* kurzfristig durch Verbesserung von Fütterung, Bockeinsatz, Geburtsvorsorge- und -hilfe, hygienische Aufzucht und gute Betreuung sehr stark zu beeinflussen. So kann man in einem Milchschafbestand bei dem rein genetisch eine Fruchtbarkeit von über 200 % möglich wäre, durch unzureichende Haltung und Betreuung auch einen Wert von unter 100 % erzielen, wenn vieles falsch gemacht wird.

Wie wird die Fruchtbarkeit festgestellt? Die Fruchtbarkeit wird durch eine Prozentzahl angegeben, deren Errechnung aus folgendem Beispiel ersichtlich wird. Dabei werden die Fruchtbarkeitsleistungen am besten mit der Höhe der Ablamm- und Aufzuchtergebnisse beurteilt.

Das Beispiel in der Übersicht auf Seite 49 zeigt: Pro Mutterschaf sind 1,8 Lämmer je Jahr geboren, aber nur 1,4 Lämmer aufgezogen worden. Für die Wirtschaftlichkeit ist die Zahl der aufgezogenen Lämmer wichtig. Lämmerverluste in Höhe von 22 % sind bei

Nicht jedes Mutterschaf kann Drillinge großziehen.

Berechnung der Fruchtbarkeit in einem Schafbestand

Bestand: 10 Mutterschafe (Ms)		
Ablammergebnis (geborene Lämmer je Jahr):	18	180% oder 1,8 Lä/Ms
Aufzuchtergebnis (aufgezogene Lämmer):	14	140% oder 1,4 Lä/Ms
Verlust:	4	22% oder 0,4 Lä/Ms

schlechter Betreuung oder nach dem Auftreten von Infektionskrankheiten möglich. Lämmerverluste von 5–10% gelten als Normalwerte.

Mastleistung

Die Mast von Lämmern soll heute schnell erfolgen, damit möglichst junge, zarte, fettarme Lammschlachtkörper erzeugt werden und zwar bei günstigem Futterverbrauch. In Koppelhaltungen wird die Mast mit billigem Weidegras angestrebt. Eine zu lange Mastdauer durch niedrige Tageszunahmen erhöht den Futterverbrauch.

In einem Schafbestand entwickeln sich die Gewichte der Lämmer während der Wachstumsphase unterschiedlich.
– Einlinge sind Zwillingen in der Entwicklung am Anfang meist voraus
– kranke Tiere fallen zurück
– aber auch zwischen gesunden, vergleichbaren Lämmern bestehen Unterschiede, da z.B. die Mütter unterschiedliche Säugeleistungen haben, aber auch jedes Tier eine andere genetische Veranlagung besitzt, zu wachsen und Fleisch zu bilden.

Von früher kennt man verschiedene Begriffe wie frühreif, spätreif, wüchsig, leichtfuttrig, die alle die Mastleistungen von Tieren beschreiben.

Unter Mastleistung versteht man die tägliche Gewichtszunahme in einem bestimmten Zeitabschnitt. Nimmt ein Lamm in 100 Tagen 20 kg an Lebendgewicht zu, so entspricht dies einer Tageszunahme von 200 g.

In den Herdbuchbetrieben wird bei den männlichen und teilweise bei den weiblichen Tieren die sogenannte Mastleistungsprüfung auf dem Betrieb, heute aber immer mehr auf bestimmten Prüfstationen durchgeführt.

Wie kann man die Mastleistung der eigenen Lämmer feststellen? Wenn man alle Lämmer nach der Geburt kennzeichnet, das Geburtsgewicht feststellt und alle vier Wochen Zwischenwiegungen durchführt, erhält man einen guten Überblick über die Leistungsfähigkeit eines Lämmerjahrganges. Dabei ergeben sich sehr unterschiedliche Werte, die durch genetische oder gesundheitliche Ursachen sowie durch die Wurfgröße und das

Lämmerliste für eine Gebrauchszucht

Nr.	Geburtstag	Geschlecht	Geburts-gewicht in kg		Gewicht	im Alter von	Tageszunahmen in g	
1	27. 12. 81	weibl.	6,3		60 kg	200 Tagen	270	
2	23. 1. 82	weibl.	6,0		52 kg	227	200	
3	20. 2. 82	männl.	4,2		58 kg	165	330	
4	27. 2. 82	weibl.	3,0 } Zwillinge		38 kg	190	180	Mutter
		männl.	3,0		35 kg	190	170	krank
5	28. 2. 82	männl.	4.1		50 kg	143	320	
6	7. 3. 82	weibl.	4,7 } Zwillinge		43 kg	156	250	
		männl.	4,7		42 kg	156	240	
7	8. 3. 82	weibl.	5,2		53 kg	155	310	
8	8. 3. 82	weibl.	6,0 } Zwillinge		50 kg	165	270	
		weibl.	5,7		46 kg	165	240	
9	11. 3. 82	männl.	4,6		42 kg	162	230	
10	30. 3. 82	weibl.	4,0		39 kg	140	250	
11	31. 3. 82	männl.	4,4		41 kg	139	260	
12	5. 4. 82	männl.	5,0		36 kg	134	230	

Geschlecht beeinflußt werden, wie die Lämmerliste einer kleinen Koppelschafhaltung mit den unterschiedlichen Tageszunahmen zeigt.

Auch in einer Gebrauchszucht ist der Arbeitsaufwand für die Wiegungen sehr lohnend. So können weibliche Lämmer auch anhand einer genauen Gewichtsentwicklung besser beurteilt werden, als wenn nur mit oft sehr ungenauen Schätzungen bei der Auslese der Nachzucht gearbeitet wird.

Berücksichtigt man dann noch die Gewichtsentwicklung von der Geburt bis zum Gewicht von 20 kg, ergibt sich sogar noch eine gute, indirekte Information über die Milch- bzw. Säugeleistung der Mutter, da die Lämmer in diesem Abschnitt vorwiegend von der Mutter ernährt werden. Eine gute Milchleistung hat somit auch eine gute Jugendentwicklung der Lämmer zur Folge.

Schlachtleistung und Schlachtkörperqualität

Der Begriff Schlachtleistung enthält die Schlachtkörperqualität, die Zusammensetzung des Schlachtkörpers, den Anteil der wertvollen Teilstücke (Rücken, Kamm, Keule, Bug) sowie die Schlachtausbeute und auch den Fettanteil.

Heute ist ein möglichst hoher Fleischanteil gefragt.

Schlachtleistung eines überdurchschnittlichen Mastlammes

Lebendgewicht: 45 kg
abzüglich 3 kg Nüchterungsverlust (ohne Nahrungsaufnahme verliert ein Schaf Gewicht durch Kot- und Harnabgabe)

Nüchterungsgewicht: 42 kg
  (nach 24stündiger Nüchterung)
Schlachtgewicht: 22,5 kg
  (ohne Verdauungsorgane, Leber,
  Lunge, Herz, Schlund, Fell – aber
  mit Kopf)
Schlachtausbeute (warm): 53,5 % vom
  Nüchterungsgewicht. Dies ergibt:
Verkaufsfähiges Schlachtgewicht:
  (Kalt) ca. 22 kg mit Kopf ohne Inne-
  reien

Zum Fettanteil Schaffett ist nicht sehr
begehrt. Schlachtkörper, die über die
gewünschte Fettabdeckung hinausge-
hen, sind weniger gefragt. Die Produktion von Fett erfordert ein mehrfaches
an Nährstoffen als die Produktion von
magerem Fleisch (siehe auch Kapitel
Fütterung und Produkte).

Wollqualität

Die Wollqualität in der Schafzucht ist
unter verschiedenen Aspekten zu sehen, und zwar aus der Sicht der *wollver-*
arbeitenden Industrie, die möglichst saubere, feine und ausgeglichene Wollen
in großen Mengen verarbeiten möchte,
des *Selbstverarbeiters,* der entweder Tep-
pichwolle oder grobe langabgewach-
sene Wollen zum Handspinnen benötigt,
des *Schafes selbst,* das ein dichtes Vlies
und eine Bauchbewollung als Schutz
vor Witterungsunbilden, zur Vermeidung von Erkältungskrankheiten
braucht (siehe auch Kapitel Wolle).

Die wesentlichen Qualitätsanforderungen
an die Schafwolle sind heute:
Feinheit
  dem Zuchtziel der Rasse entsprechender Wollhaardurchmesser, z.B.
  AB (25 Tausendstel mm) beim
  Merinolandschaf
Ausgeglichenheit
  für die Verarbeitung wesentlichste
  Anforderung; der Wollhaardurchmesser soll über das ganze Vlies nur
  minimale Schwankungen aufweisen
Dichte
  ein dichtes Vlies bringt ein hohes
  Schurgewicht und schützt das Tier
  vor Regen und Kälte
Farbe
  Neben weißer Wolle ist heute auch
  naturbraune Wolle gefragt. Vergilbte
  und Gelbschweißige Wolle kann
  nicht mehr eingefärbt werden und
  ist minderwertig
Festigkeit
  bei Zwirn (Überfeinheit) ist die Reiß-
  festigkeit der Wolle gering und die
  Wolle damit wertlos.

Wollfeinheit

Der Maßstab für die Wollfeinheit ist der
Durchmesser des Wollhaares, gemessen in
μ = Tausendstel Millimeter. Die Wollfeinheit wird
außerdem in Klassen eingeteilt und durch
Buchstaben bezeichnet.

A	≙	24–25 μ	feine Wolle
ABB	≙	26–27 μ	
BC	≙	28–30 μ	
C	≙	31–33 μ	↓
CD	≙	35–36 μ	
D	≙	36–37 μ	
E	≙	38 u. mehr	grobe Wolle

Die beste Wollqualität auf dem Schaf kann aber durch schlechte Wollpflege vor, während und nach der Schur zunichte gemacht werden (siehe Wollpflege).

Milchleistungsprüfung beim Schaf

In einem Abstammungsnachweis oder in einem Katalog unter der Rubrik »Milchleistung« ist folgende Zahlenreihe zu lesen:

ML 2. / 240 / 700 / 6,10 / 42,7 / 4,00 / 28

Diese Zahlen geben Aufschluß über die Milchleistung des betreffenden Milchschafes.

Die Ziffern bedeuten im einzelnen:

2.   in diesem Fall wurde die 2. Laktation des Schafes geprüft

240   der Prüfzeitraum betrug ab Lammung 240 Tage

700   im Prüfzeitraum erreichte die errechnete Milchmenge 700 kg

6,10   der durchschnittliche Fettgehalt im Prüfzeitraum betrug 6,10 %

42,7   die Fettmenge von 42,7 kg errechnet sich aus Milchmenge × Fettgehalt und würde hier etwa einem Vergleichswert von 50 kg Markenbutter entsprechen.

4,00   Eiweißgehalt %

28   Eiweißmenge in kg

Man unterscheidet verschiedene Leistungsangaben:

Laktationsleistung: Darunter versteht man die Milchleistung eines Schafes von der Lammung bis zum Ende der Laktation. Eine Laktation kann in manchen Fällen 300 Tage übersteigen.

150-Tage-Leistung: Diese Leistungsangabe beinhaltet die Milchleistung von der Lammung bis zum 150. Tag danach und wird bei der Körung als Vergleichsmaßstab zwischen den Bockmüttern verwendet.

Lebensleistung: Darunter versteht man die Leistung vom Tage nach dem ersten Lammen bis zum Ende der letzten abgeschlossenen Laktation.

Die äußere Erscheinung als züchterisches Merkmal

Wenn man Schafe verschiedener Rassen betrachtet, ergeben sich hinsichtlich Kopf, Körperbau, Körperform, Wolle und Größe erhebliche Unterschiede. Aber auch innerhalb einer

Seite 53:
Mutterschafe der Rasse Weißköpfiges Fleischschaf auf einer Marschweide an der Nordsee. Milchschaflämmer im Alter von 2 bis 3 Monaten, die bestens entwickelt sind.

Seite 54:
Texelbock mit ausgeprägter Bemuskelung. Zuchtbock der Rasse Schwarzköpfiges Fleischschaf in heutiger Zuchtrichtung.

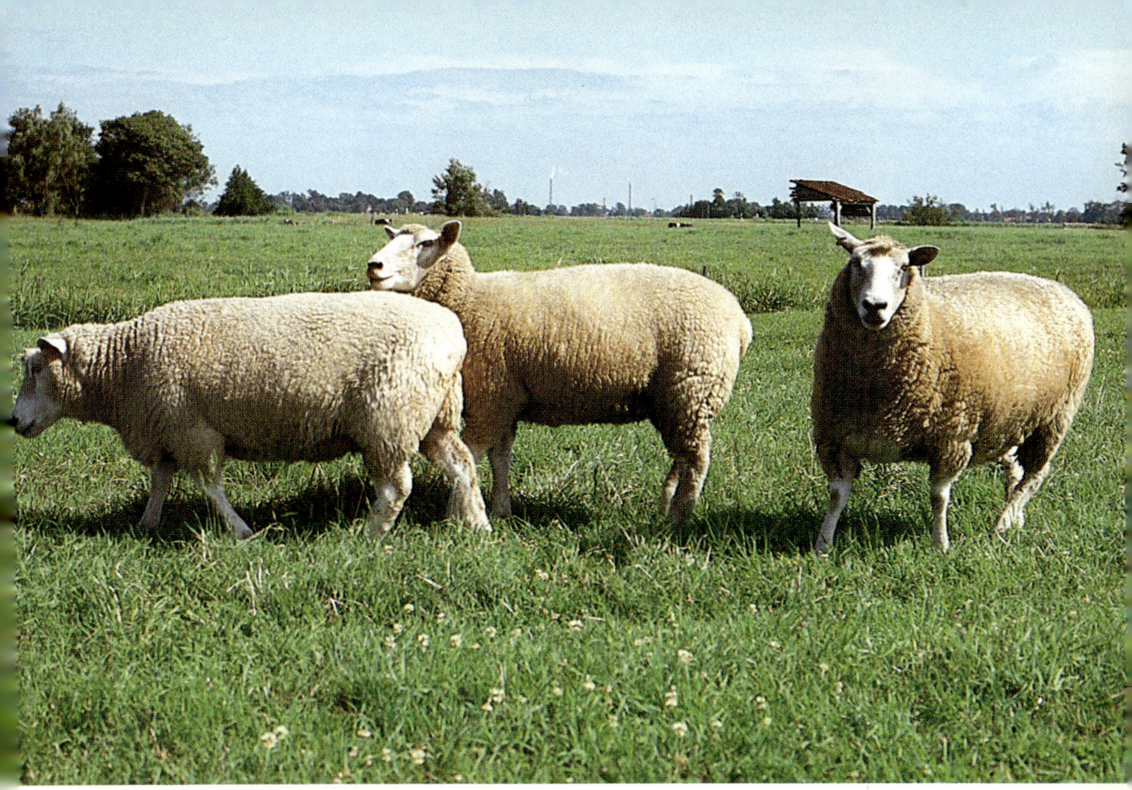

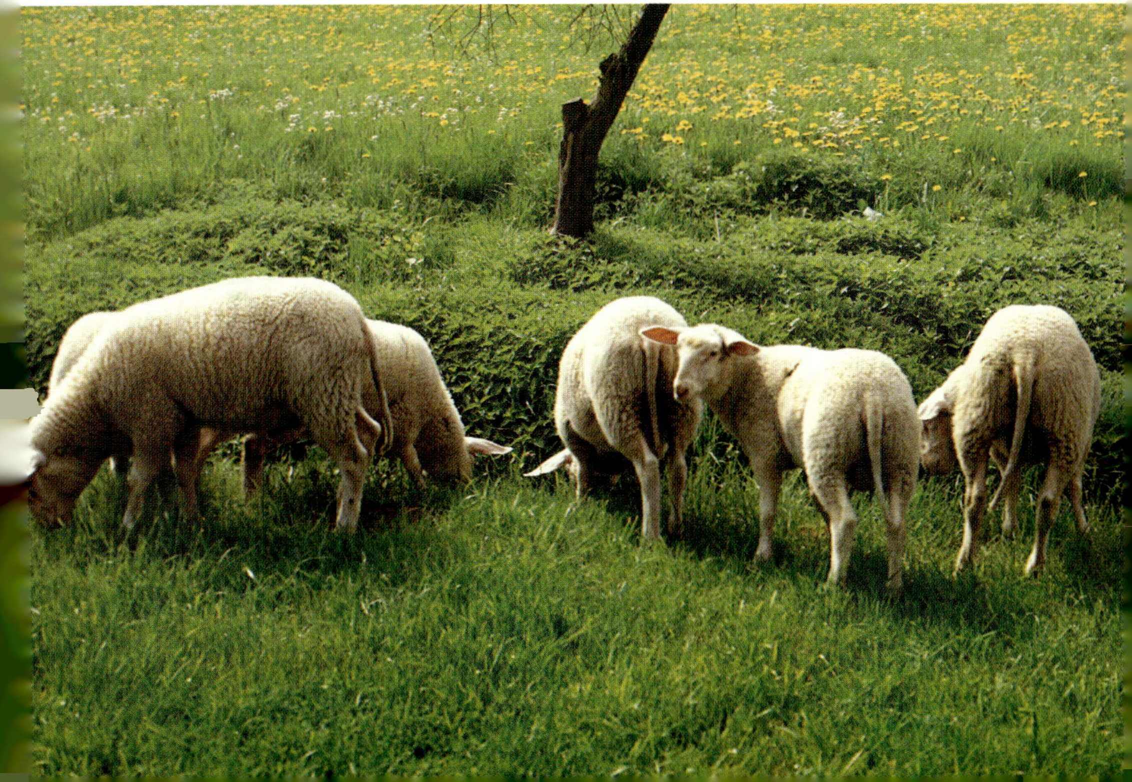

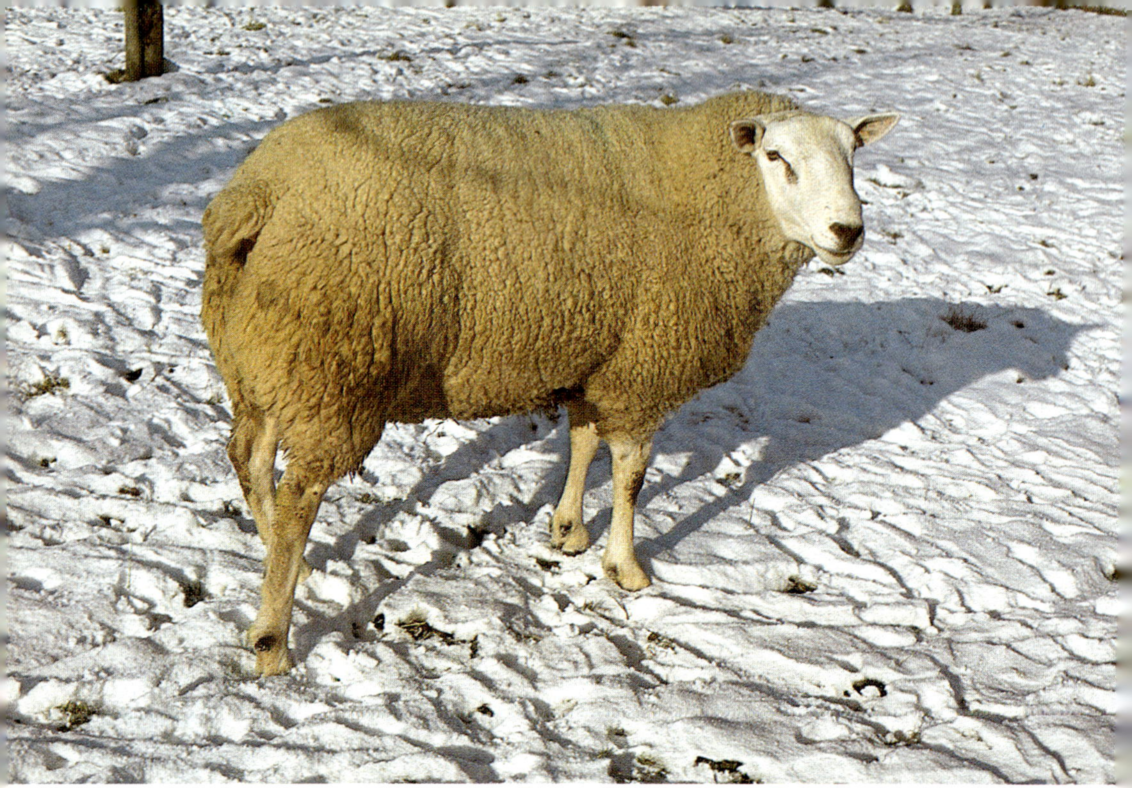
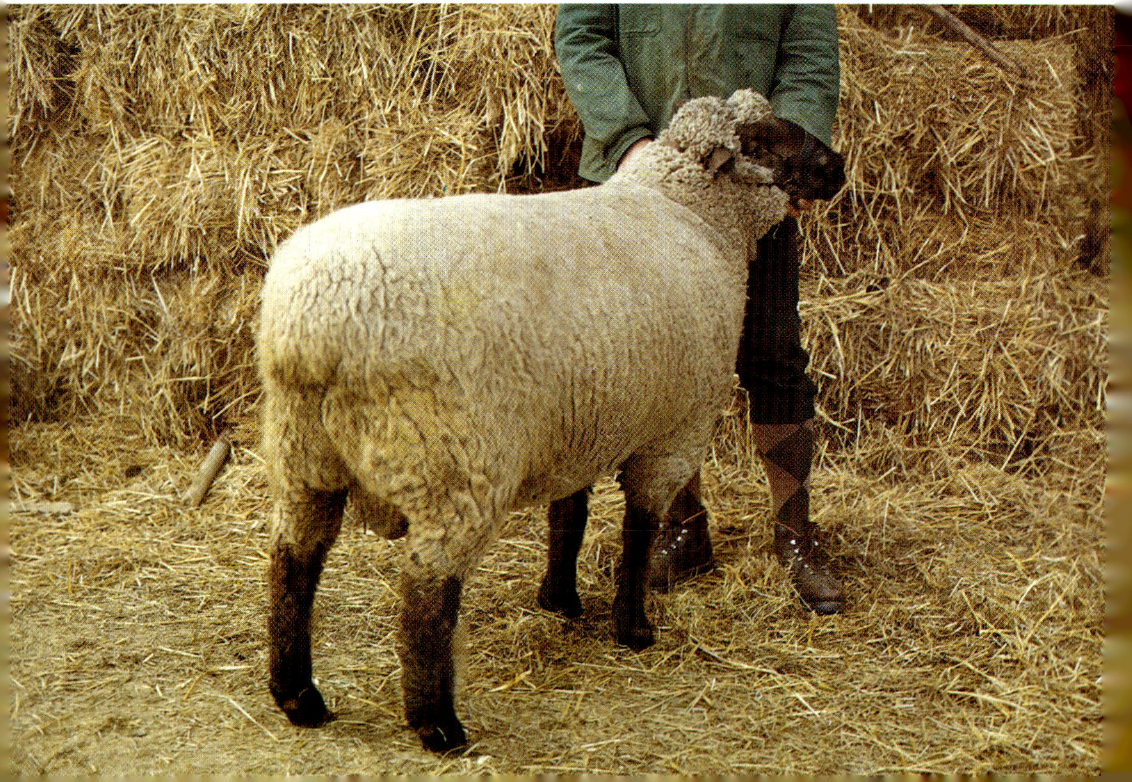

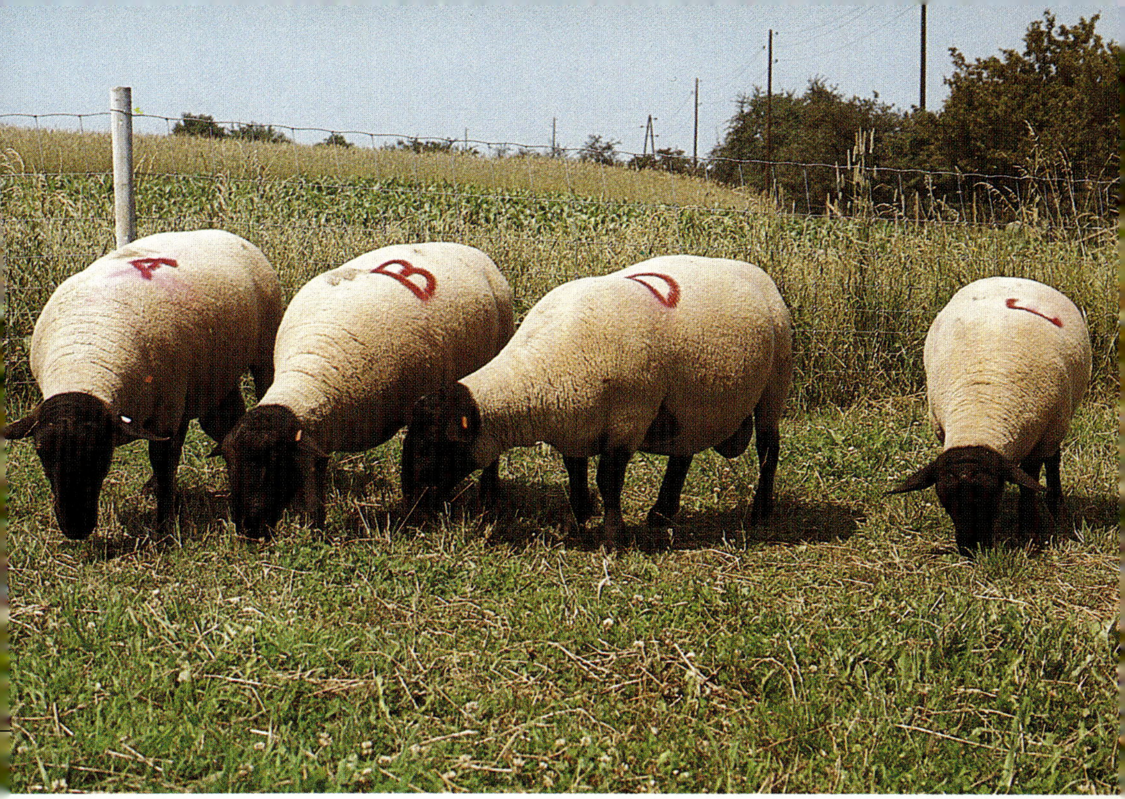

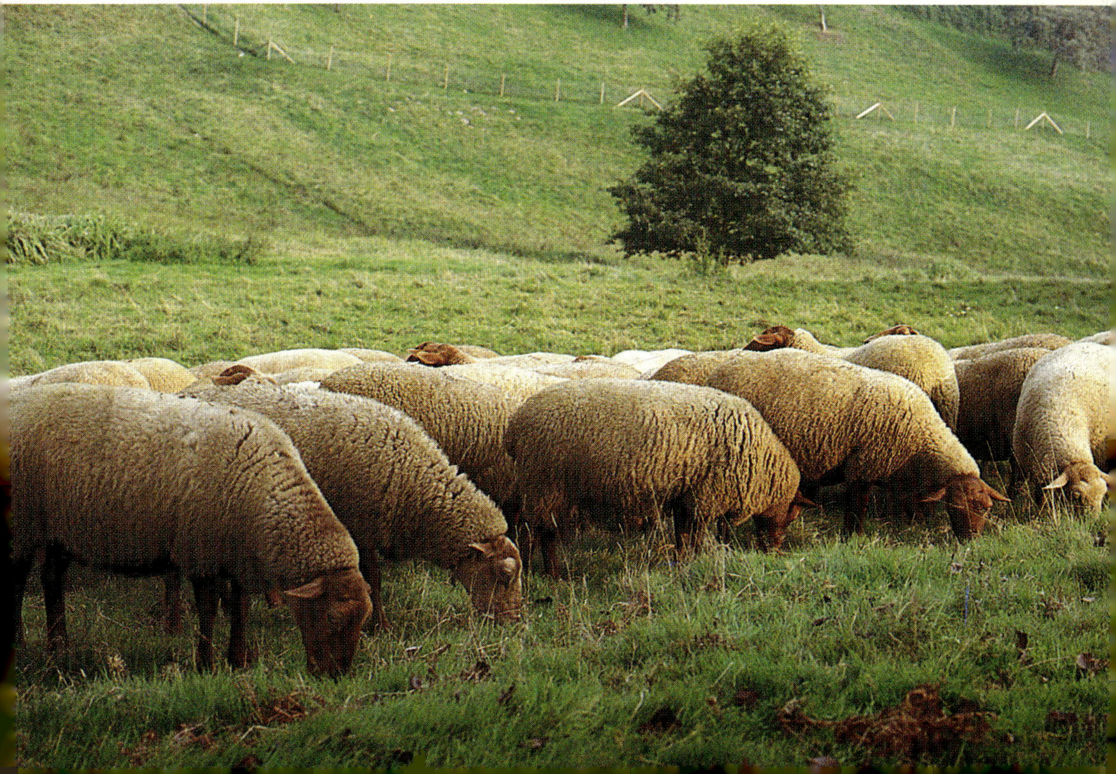

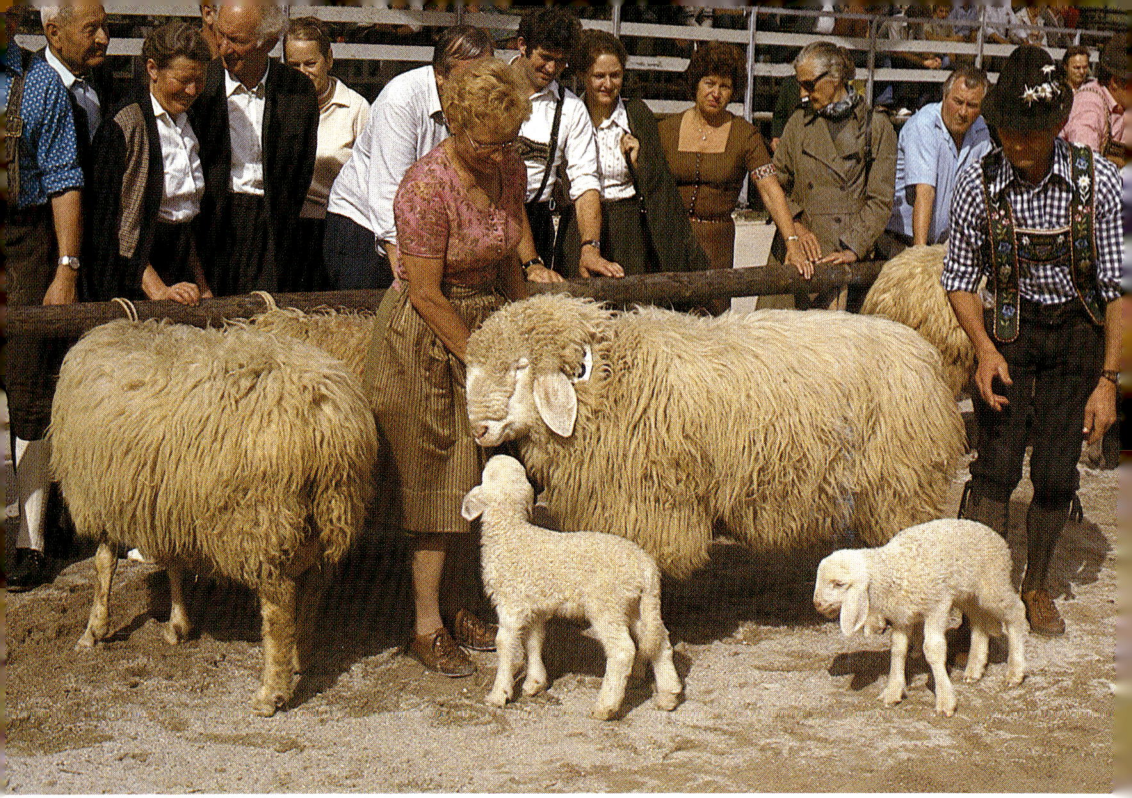

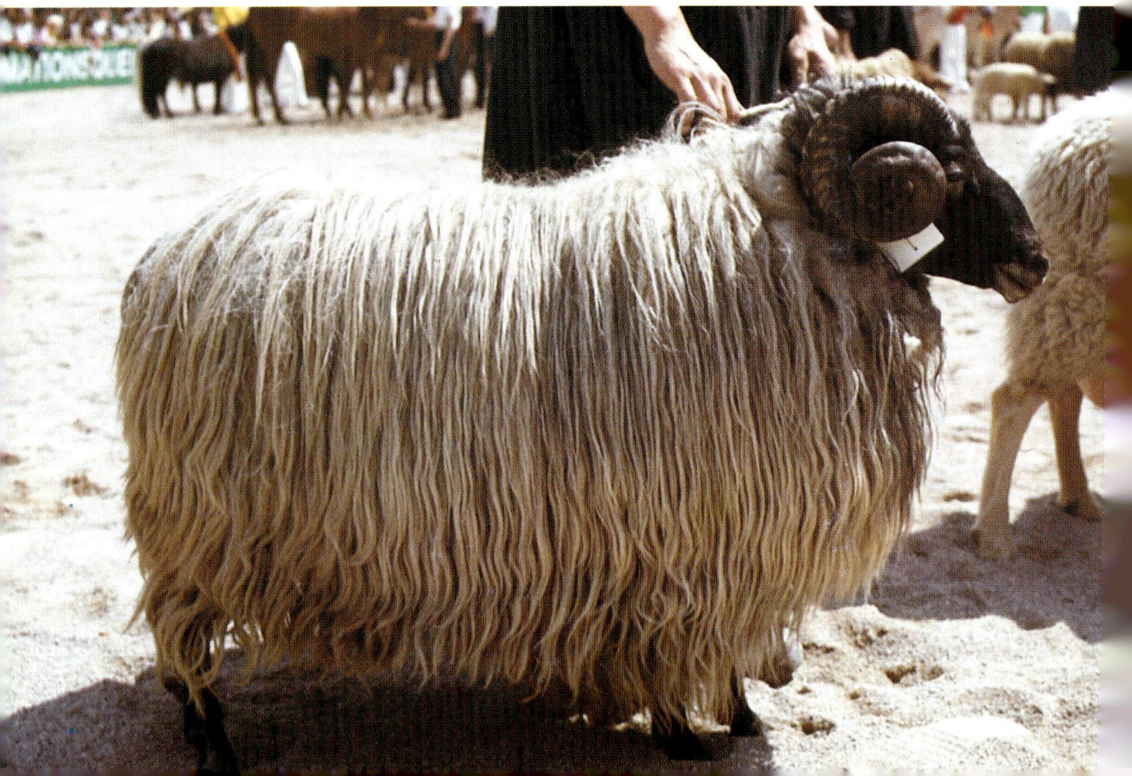

Rasse gibt es verschiedene Formen und Unterschiede in der äußeren Erscheinung, die für die Beurteilung eines Tieres wichtig sind. Maßgebend sind die Rassebeschreibungen der Züchterverbände, wie sie für das Merinolandschaf bereits besprochen wurden.

Tierbeurteilung

Will man den Wert bzw. die Zuchteignung eines Schafes feststellen, ist die Beurteilung der äußeren Erscheinung ein wichtiges Hilfsmittel.

Die einzelnen Körperteile werden dabei nach folgenden Gesichtspunkten beurteilt:

Gesamteindruck
- stehen die einzelnen Körperteile in einem normalen, harmonischen Verhältnis zueinander?
- handelt es sich um ein sauberes, gepflegtes Tier (Klauen, Wolle?)

Kopf
- ist die Zahnstellung in Ordnung?
- sind die Augen und der Blick normal?
- wie alt ist das Schaf aufgrund des Zahnwechsels?

Wolle
- entspricht die Feinheit der Wolle dem Zuchtziel der Rasse?
- gibt es Wollfehler wie z.B. Zwirn oder Gelbschweiß?

Körperbau
- ist das Schaf lang, tief, breit?
- ist das Tier gut bemuskelt?
- ist das Fundament in Ordnung?

Euter
- bei den Mutterschafen und vor allem bei Milchschafen ist darauf zu achten, daß das Euter geräumig, fest angesetzt und ohne Verhärtungen ist und seitlich nach unten gerichtete Zitzen aufweist.

Geschlechtsmerkmale
- sind bei einem Bock beide Hoden normal entwickelt?

Bei der Tierbeurteilung soll man keine Fehlersuche betreiben, sondern feststellen, ob sich das Tier für die vorgesehene Verwendung als Mutterschaf oder Zuchtbock in seiner Herde eignet oder nicht. Das Alter eines Schafes sowie sein Pflegezustand sind bei der Beurteilung genauso zu berücksichtigen, wie der Futterzustand, der von mager bis fett reichen kann.

Ein durch hohe Säugeleistung abgesäugtes, mageres Schaf darf im Vergleich zu einem bestens ernährten Tier

Seite 55:
Voll bemuskelte Suffolkböcke, die mit einem Viehzeichenstift gekennzeichnet sind.
Fuchsschafe auf einer Weide im Schwarzwald.

Seite 56:
An den hängenden Ohren sind Bergschafe sehr leicht zu erkennen.
DLG-prämierter Bock der Rasse Graue Gehörnte Heidschnucke mit einem imposanten Gehörn.

mit geringer Fruchtbarkeit und Säugeleistung nicht unterbewertet werden.

Wie sucht man die weibliche Nachzucht aus?

Wenn die Lämmer herangewachsen
sind, muß der Schafhalter entscheiden,
welche Tiere er für die Nachzucht behalten oder schlachten will.

Ohne Aufzeich-
nung über Abstammung, Leistungen
und Leistungstyp seiner künftigen Nachzucht, kann er sich bei der Auswahl
von Tieren nur nach der äußeren Erscheinung richten. Sind jedoch die
Lämmer gekennzeichnet und seit Jahren Aufzeichnungen in einem Stallbuch
gemacht worden, können viele weitere
Kriterien bei der Zuchtauswahl berücksichtigt werden, zum Beispiel:

Geburtstyp
Einling, Zwilling, Drilling
Säugeleistung der Mutter
erkennbar am Wachstum der Lämmer in den ersten 6 bis 8 Lebenswochen
Muttereigenschaft
von Mutter und Großmutter
Fruchtbarkeitsleistung
der Mutter und Großmutter

Unter einer guten Muttereigenschaft
versteht man die Verhaltensweise eines
Schafes nach der Geburt im Umgang
mit dem Neugeborenen bis zum Absetzen der Lämmer. Es gibt Schafe, die
wirklich um ihre Lämmer besorgt sind

und diese sogar gegen »Feinde« vertei-
digen. Schafe, die ihre Lämmer nur unter Zwang säugen lassen, sollten ausge-
merzt werden.

Bei Mutterschafen ist das Verhalten
ganz einfach zu prüfen: Eine den Schafen unbekannte Person nähert sich einem Muttertier mit einem neugeborenen Lamm. Aus den Reaktionen der
Mutter läßt sich auf die Muttereigen-
schaften schließen:

Reaktion	*Muttereigen-schaften*
Mutter reagiert mit Drohgebärden, Stampfen	sehr gut
bleibt beim Lamm	gut
entfernt sich vom Lamm, kommt dann aber zurück	genügend

Es erübrigt sich eigentlich, zu erwäh-
nen, daß ein Schafhalter auch im täglichen Umgang mit seinen Schafen die
unterschiedlichen Muttereigenschaf-
ten feststellen kann.

Tierzuchtrechtliche Vorschriften

In der BRD – als einzigem Land in
Europa – gibt es ein Tierzuchtgesetz,
das Regelungen für die Zucht landwirtschaftlicher Nutztiere enthält. Die Leistungsfähigkeit der Schaf-, Pferde-,
Rinder-, Schweine- und Ziegenzucht

Bei einer guten Mutter wird die Mutter-Kind-Beziehung auch beim Säugen erkennbar.

wird durch dieses Gesetz verbessert und durch staatliche Maßnahmen unterstützt.

Der Einsatz von besten Vatertieren ist der Grundgedanke dieses Gesetzes, denn ein Schafbock kann gegenüber weiblichen Tieren ein Hundertfaches an Nachkommen haben. Somit ist eine Leistungssteigerung fast nur durch den Einsatz ausgesuchter, gekörter Vatertiere als wirksamste und schnellste Zuchtmaßnahme anzusehen.

Inhalt des Tierzuchtgesetzes

Neben den Vorschriften zur Leistungsprüfung und der Regelung der Körung verlangt das Tierzuchtgesetz die Verpflichtung der Tierhalter zur Verwendung von gekörten Vatertieren zum Decken. Die Zuchtverwendung sogenannter schwarzer Böcke, d.h. ungekörter Böcke aus eigener oder nachbarlicher Gebrauchszucht ist eine Ordnungswidrigkeit und kann mit Bußgeldern belegt werden.

Zum Decken der Schafe muß man keinen eigenen Bock haben. Man kann die brünstigen Schafe auch zu einem fremden Bock zum Decken bringen oder einen gekörten Bock ausleihen.

Körung von Schafböcken

Zur Körung können Böcke, die mindestens 5 Monate alt und deren Eltern im

Zuchtbuch einer anerkannten Züchtervereinigung eingetragen und ordnungs-
gemäß gekennzeichnet sind, vorgestellt
werden. Böcke aus einer Gebrauchszucht können folglich nicht gekört werden.

Anläßlich der Körung werden die
Böcke einer Körkommission (bestehend aus einem Beamten der Tier-
zucht- und Veterinärverwaltung sowie
einem Vertreter aus dem Kreis der
Züchter) vorgestellt und von diesen bewertet.

Bewertet werden:
   Mast- und Schlachtleistung
   Bemuskelung
   Wollqualität
   äußere Erscheinung
   Fruchtbarkeit der Bockmutter
   Milchleistung (bei Milchschafen)

Die Körkommision bei der Beurteilung eines
Merinobocks.

Die Leistungen werden entsprechend
der wirtschaftlichen Bedeutung ge-
wichtet und in einer Gesamtpunktzahl,
einem Index, ausgedrückt und veröffentlicht. Böcke mit Indexzahlen von
100 und darüber haben einen über-
durchschnittlichen Zuchtwert.
Böcke, welche die Anforderungen nicht
erfüllen, werden nicht gekört und müssen der Schlachtung zugeführt werden.

Körungen werden in der Regel als Sam-
melkörungen vor den Auktionen
durchgeführt, können aber auch im
Züchterstall erfolgen, wenn die Voraussetzungen hierfür erfüllt sind.
Durch die gesetzlich vorgeschriebene
Körung besteht für die Bockkäufer, die

oft nicht die entsprechenden Fach-
kenntnisse besitzen, eine Art Verbrau-
cherschutz.

Beim Bockkauf Augen und Ohren auf

Kauf auf Auktionen

Wegen der besseren Vergleichs- und
Auswahlmöglichkeiten bei einem größeren Bockangebot werden Zuchtböcke heute meist auf den Auktionen
der Landesschafzuchtverbände gekauft. Dort besteht auch die Möglich-

60

Bei einem großen Angebot ist die Auswahl eines Bockes einfacher.

keit einer Ankaufsberatung durch staatliche Schafzuchtberater. Vor der Auktion empfiehlt es sich, die in Betracht kommenden Böcke im Katalog zu kennzeichnen, damit bei der Hektik der Versteigerung auch der gewünschte Bock ersteigert wird. Dabei heißt es gut zuhören und genau hinsehen, damit der Preis nicht davonläuft und auch wirklich die richtige Katalognummer im Versteigerungsring ist.

Kauf und Tausch von älteren Tieren

Böcke, die zwei bis drei Jahre in einem Bestand im Einsatz waren, sind zur Vermeidung von Inzucht gegen einen anderen Bock auszuwechseln, es sei denn, es werden nur noch die nicht verwandten Altschafe zugeteilt.

Es ist ohne weiteres möglich, auch ältere Böcke in guter Verfassung zu kaufen oder zu tauschen. Vatertiere im Alter von zehn Jahren können durchaus noch zuchttauglich sein. Dabei muß man beachten, daß die Böcke gesund sind und keine gesundheitlichen Gefahren für den eigenen Bestand mitbringen (Moderhinke, Räude).

Zusätzliche Kaufvoraussetzung ist jedoch immer ein zur Ohrnummer passender Abstammungsnachweis.

61

**Wie liest man Abstammungs-
nachweise und Versteigerungs-
kataloge bei Schafen?**

Bisher wurden die verschiedenen Leistungsangaben in den Katalogen der
deutschen Schafzuchtverbände nicht
einheitlich veröffentlicht. Zur Verein-
heitlichung auf diesem Gebiet haben
die LSV (Landesschafzuchtverbände)
mit der DLG (Deutsche Landwirt-
schaftsgesellschaft) für die Katalogan-
gaben nun ein gemeinsames System
entwickelt, das für alle Angaben in Katalogen und Abstammungsnachweisen
gilt:

Angaben in Katalogen und Abstammungsnachweisen

Merkmal	Art der Angabe	Erläuterung der Angabe
Geburtstyp	E, Z, D, V	Einling, Zwilling, Drilling, Vierling, Beispiel: geb. 15. 2. 80 Z
Prämierungs-ergebnis	0, +, *	prämiert auf: 0 Regionalschau, + Landesschau, * DLG-Ausstellung
Wolleistung	W 3/5,6	3jähriger Durchschnitt, 5,6 kg Wolle
Körpergewicht	K 6–63	mit 6 Monaten 63 kg Lebendgewicht
Mastleistung Feld	MF 107	Tageszunahme 7 % über Mittel der Vergleichsgruppe
Mastleistung Station	MS 107/112	Tageszunahme 7 % höher, Nährstoffverbrauch 12 % geringer als Vergleichsgruppe
Nachkommen-schaftsprüfung Feld	NMF 107/112	Tageszunahme 7 % höher, Nährstoffverbrauch 12 % geringer als Vergleichsgruppe
Nachkommen-schaftsprüfung Station	NMS 107/112/103	Tageszunahme 7 % höher, Nährstoffverbrauch 12 % geringer, Schlachtkörperwert 3 % besser als Vergleichsgruppe

Zuchtleistung	F 3/3/6/5	in 3 Lebensjahren 3 Lammungen, 6 geborene und 5 aufgezogene Lämmer
Milchleistung	ML 2./150/410 22/5,3/24/5,8	2. Laktation, in 150 Melktagen 410 kg Milch, 22 kg Milchfett, 5,3 % Fett, 24 kg Milcheiweiß, 5,8 % Eiweiß

Kosten der Bockhaltung

Je größer der Mutterschafbestand, desto kleiner sind die anteiligen Bockhaltungskosten. Man geht von folgenden Tatsachen aus:

Kaufpreis eines Lammbockes	750 DM
Wiederverkauf nach zweijähriger Nutzung	550 DM
Wertminderung nach zwei Jahren	200 DM

Bei einem Mutterschafbestand von zehn Tieren würde sich der Wertverlust von 200,– DM auf 20 Bedeckungen in zwei Jahren verteilen, so daß in diesem Fall das Decken eines Mutterschafes 10 DM kosten würde.

Bezieht man diese Kosten auf ein geborenes Lamm, liegt dieser Wert nur noch zwischen 5 und 8 DM.

Gekörte Böcke haben meist eine bessere Leistungsveranlagung, die sich noch in den kommenden Mutterschafgenerationen auswirkt. Verbessert sich z. B. durch die überdurchschnittliche genetische Veranlagung des Bockes die tägliche Zunahme eines Lammes von 290 g auf 300 g bei gleichem Futterangebot, wäre das Mastendgewicht um 1,5 kg höher. Das höhere Lebendgewicht entspricht einem Geldwert von etwa 15 DM. Vergleicht man diesen Wert mit den Bockkosten je Lamm von 5 bis 8 DM, so sind die finanziellen Vorteile größer als der Aufwand für den Bock. Die Futterkosten werden hier nicht eingerechnet, da sie unabhängig von der Qualität des Zuchtbockes sind.

Was ist ein Herdbuchzüchter?

Ein Herdbuchzüchter ist Mitglied einer staatlich anerkannten Züchtervereinigung (Herdbuchabteilung eines Landesschafzuchtverbandes), in deren Zuchtbuch seine Zuchttiere eingetragen werden.

Herdbuchbetriebe müssen genaue Aufzeichnungen über das Zuchtgeschehen führen und die Geburtstermine sowie die Abstammungen im Stallbuch eintragen. Die Kennzeichnung der Zuchttiere und die Leistungsprüfung ermöglichen es dem Zuchtverband, einen Abstammungsnachweis zu erstellen. Dieser ist z. B. Voraussetzung

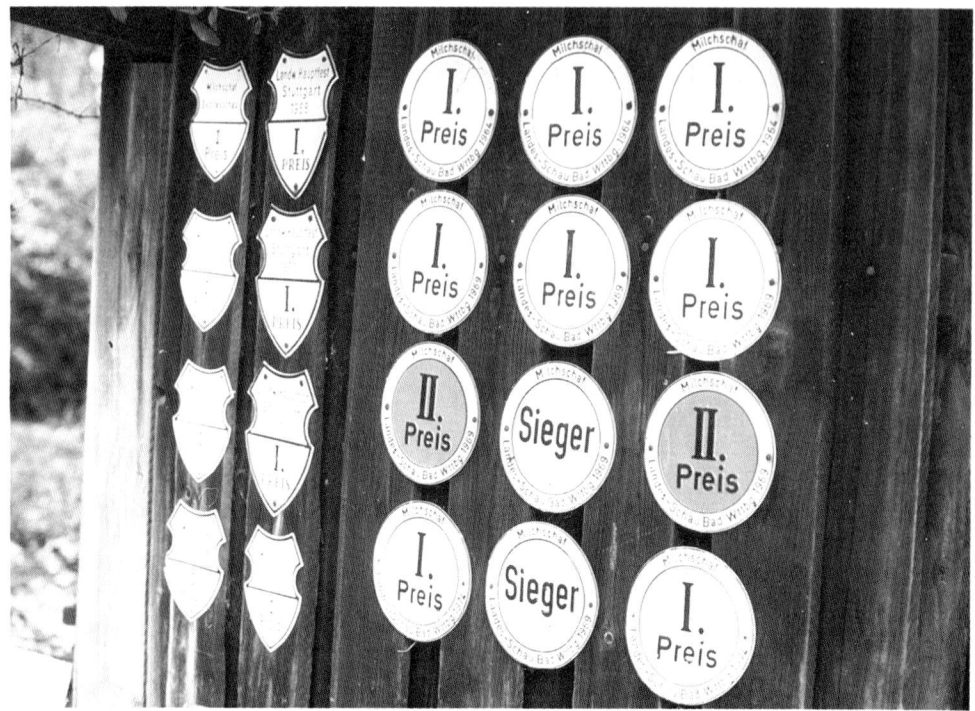

Die Preistafeln an der Stalltür weisen auf einen
sehr erfolgreichen Züchter hin.

für die Anmeldung eines Jungbockes
zur Körung.

Für Herdbuchbestände ist eine strenge
Selektion unabdingbar, genauso wie
ein überdurchschnittliches Haltungsni-
veau. Züchterischer Idealismus und
Passion zeichnen einen guten Herdbuchzüchter aus.

Wie wird man Herdbuchzüchter?

Zuerst sollte man sich von der zuständigen Züchtervereinigung (in der Regel
dem Landesverband) beraten lassen,
denn jeder Verband stellt andere Auf-
nahmebedingungen für die verschiedenen Rassen. Der unüberlegte Kauf von
teuren Zuchttieren von einer Anerken-
nung als Zuchtbetrieb ist nicht empfehlenswert.

Im übrigen ist reines Gewinndenken
beim Entschluß zur Herdbuchzucht
mit Sicherheit keine gute Entschei-
dungshilfe.

Man bedenke nur, wieviel Vorarbeit
erforderlich ist, bis der erste Bock auf
der Auktion einen überdurchschnittli-
chen Preis erzielt.

Fortpflanzung und Aufzucht

Eine hohe Fruchtbarkeit ist bei den Mutterschafen nicht nur in größeren Herden, sondern auch in kleineren Haltungen erwünscht. Die Zahl der geborenen bzw. aufgezogenen Lämmer je Jahr ist nicht nur von der Haltungsform, der Rasse, den Erbanlagen, sondern auch und nicht zuletzt von der richtigen Betreuung abhängig.

Die fortpflanzungsbiologischen Grundlagen sollen im folgenden anhand verschiedener Entwicklungsstufen von Schafen erklärt werden.

Entwicklungsstufen der Lämmer

Bei der Geburt ist bereits das Geschlecht erkennbar, das die künftige Entwicklung eines Lammes bestimmen wird. Wenige Tage nach der Geburt zeigen gesunde Lämmer Verhaltensweisen, die mit Sexualität zu tun haben.

Wahllos und ohne Berücksichtigung des Geschlechts ihrer Spielgefährten üben sie spielend das gegenseitige Aufspringen, das vergleichbar ist mit dem Deckakt. Untersuchungen an Lämmern, die kurz nach der Geburt von der Mutter weggenommen und danach in Einzelhaltung aufgezogen wurden, haben gezeigt, daß solche Tiere später in der Herde kein normales Sexual- und Sozialverhalten entwickeln können.

Junglämmer sondern sich sehr gerne in ihrer Gruppe während der Futterzeiten von den Altschafen ab, um zu spielen, zu springen und um untereinander ihre Kräfte zu messen. Man könnte dies geradezu als »Lämmerdisco« im Lämmerschlupf bezeichnen. Die Gelegenheiten, wenn die Lämmer unter sich sind, sollte man unbedingt zu frühzeitigen Kraftfuttergaben nutzen.

Ein zügiges Wachstum in den ersten zehn Lebenswochen ist ein guter Start für die weitere Entwicklung der Jungtiere. Die Säugeleistung der Mutter ist in den ersten zehn Wochen für die Gewichtsentwicklung maßgebend.

Neugeborene Lämmer saugen bis zu 15mal am Tag. Mit zunehmendem Alter nimmt die Häufigkeit ab.

Pubertät und Geschlechtsreife

Als Pubertät wird der Altersabschnitt eines Lammes bezeichnet, bei dem

Lämmer bauen sich allmählich ihren eigenen
»Club« auf, während die Mutterschafe fressen.

allmählich die Produktion von männlichen oder weiblichen Geschlechtshormonen einsetzt.

Hier beginnt die unterschiedliche Entwicklung von Bock- und Kilberlämmern. Ab dieser Zeit – im Alter von drei bis fünf Monaten – beginnen die Bocklämmer Interesse für das andere Geschlecht zu entwickeln und sind dann Unruhestifter bei den weiblichen Tieren in der Herde.

Zur Lösung dieses Problems empfiehlt es sich, die Bocklämmer von dieser Zeit an gesondert zu halten oder aber sie zu kastrieren.

Eine gemeinsame Haltung der Bocklämmer zusammen mit den Altböcken auf einer Koppel ist empfehlenswert. Dabei wirkt sich die Überlegenheit eines älteren Bockes auf die Gruppe beruhigend aus.

Sowohl die Pubertät als auch die Geschlechtsreife tritt bei den weiblichen Lämmern erst einige Monate später ein. Böcke erreichen die Geschlechtsreife (Deck- und Befruchtungsfähigkeit) je nach Rasse und Ernährung bereits im Alter von 4 bis 12 Monaten, Kilberlämmer im Alter von 7 bis 15 Monaten.

66

Brunst und Deckgeschehen beim Schaf

Die Geschlechtsreife der weiblichen Tiere zeigt sich durch Auftreten der ersten Brunst (Eireifung) und somit Paarungsbereitschaft. Durch die Eireifung im Eierstock werden Sexualhormone gebildet, die auch äußerliche Brunstanzeichen hervorrufen.

Brunstanzeichen

Bei vielen Schafrassen sind die erkennbaren Brunstsymptome relativ schwach ausgebildet. Milchschafe zeigen z.B. als echte »Hausschafe« den Eintritt der Brunst weitaus deutlicher als andere Rassen, unter anderem auch deshalb, weil man in Kleinbeständen mehr auf das Einzeltier achtet.
Die auffallendsten Brunstzeichen beim Schaf sind:

- häufiges Blöken, Rückwärtsschauen und Urinieren
- Unruhe, auffälliges Wedeln mit dem Schwanz
- Rötung und Anschwellen der Scheide
- Aufenthalt in der Nähe des Bockes.

Aufreiten auf Artgenossen ist beim Schaf kein Brunstzeichen – im Gegensatz zum Rind.
Schafböcke erkennen brünstige Schafe an bestimmten Geruchsstoffen, indem sie z.B. von urinierenden Schafen Harn kosten und anschließend beim sogenannten Flämen Luft durch die Nase blasen und dabei die Oberlippe hochziehen. Ist der Bock in der Herde, ist es nicht wichtig, bei den einzelnen Schafen auf Brunstanzeichen zu achten.

Einfluß der Jahreszeit auf den Brunsteintritt

Bei den Vorfahren der Schafe war die Geburt im Frühjahr bei reichlichem Graswuchs für eine optimale Ernährung lebensnotwendig. Dafür mußte die Bedeckung im Herbst erfolgen. Lämmer, die außerhalb dieser Zeit geboren wurden, haben in der Regel nicht überlebt.
Aus diesem Naturgesetz kann man sich die *saisonale Brunst* erklären. Zu den Schafrassen, die nur in einer bestimmten Jahreszeit, nämlich bei abnehmender Tageslichtlänge im Herbst (August bis Dezember) brünstig werden, zählen die Texel, Schwarzkopf, Suffolk, Heidschnucken, Milchschafe und andere.
Unter guten Futterverhältnissen findet man auch bei saisonalen Rassen Tiere mit asaisonalem Brunstverhalten.
Bei den Schafrassen mit *asaisonaler Brunst* (nicht an eine Jahreszeit gebunden), wie bei den Merinos und den Bergschafen, ist die Brunst fast das ganze Jahr über möglich, so daß Lämmer während des ganzen Jahres geboren werden können.
Schafe asaisonaler Rassen können nach Verlammungen und Totgeburten bald wieder gedeckt werden.

Auslösen der Brunst

Der Eintritt der Brunst wird vom rassetypischen Brunstzyklus, vom Futterzustand, von den vorhandenen Klimaverhältnissen, den Lichtverhältnissen und dem Termin der letzten Lammung bestimmt. Es gibt technische und hormonelle Möglichkeiten, die Brunst auszulösen und sogar auf einen bestimmten Zeitpunkt zu legen. Im Kleinbetrieb sind diese Methoden nur vereinzelt anwendbar, da sie zu teuer, zu arbeitsaufwendig und häufig auch zu unsicher sind. Man sollte Schafe, die von sich aus nicht brünstig werden, aus der Zucht nehmen.

Schafe in sehr gutem Futterzustand haben einen höheren Anteil an Zwillingsgeburten. Dies ist wohl darauf zurückzuführen, daß gut genährte Schafe im Eierstock mehr reife Eier zur Befruchtung produzieren, als dies bei Schafen mit unzureichender Fütterung der Fall ist. Deshalb ist es ratsam, vor, während und nach der Deckzeit auf die Fütterung der Schafe besonderen Wert zu legen.

Das folgende Beispiel soll zeigen, wie die Fruchtbarkeit in einer Koppelschafhaltung durch äußere Verbesserungsmaßnahmen gesteigert werden kann:

1. Juli
Zuchtbock aus der Herde nehmen, soweit dies nicht schon früher geschehen ist

1. September
Absetzen der Lämmer im Alter von vier bis sechs Monaten. Die Schafe können sich jetzt erholen – bei möglichst mittelmäßigem Futterangebot, das auch für die Rückbildung der Euter förderlich ist.

15. September
Weidewechsel. Jetzt ist es angebracht, die Schafe auf einer jungen, eiweißreichen Weide zu halten und etwa 200 bis 300 g Hafer und etwa 50 g Sojaschrot je Mutterschaf und Tag zuzufüttern. Auf die täglichen Mineralfuttergaben ist jetzt besonders zu achten. Der Wechsel zu einem Eiweißüberschuß in der Ernährung erhöht die Ovulationsrate, da so mehr Eier zur Reifung kommen und befruchtet werden können.

1. Oktober
Der Bock kommt zur Herde – die Rittzeit beginnt. Durch die längere Trennung des Bockes von der Herde erfolgen bereits in den ersten Tagen die meisten Bedeckungen. Dies hat auch die erwünschte zeitliche Begrenzung der Lammzeit im Frühjahr zur Folge. Auch nach der Deckzeit muß eine ausgewogene Fütterung fortgesetzt werden, um ein Absterben einzelner Embryonen zu verhindern.

Deckakt

Nach einem unterschiedlich lange dauernden, stimulierenden Sexualvorspiel bespringt der Bock das Schaf. Dabei ist es wichtig, daß es abschließend zu einem ruckartigen Nachsto-

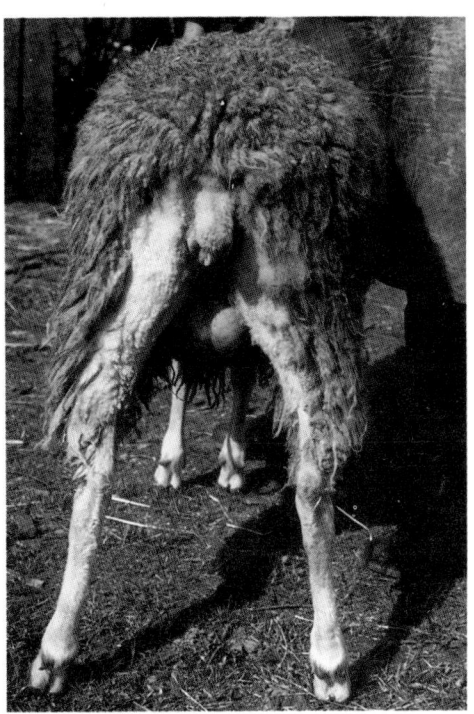

Mit der sogenannten Schwanzschur wird eine bessere Geburtshygiene erreicht. Die Euter- kontrolle wird übersichtlicher und der Zugang der Lämmer zum Euter erleichtert.

ßen des Penis bei gleichzeitiger Umklammerung des Schafes mit den Vordergliedmaßen des Bockes kommt. Der Deckakt dauert nur etwa zehn Sekunden. Lange, verschmutzte, mit trockenem Kot behangene Wolle im Scheidenbereich erschwert den Deckakt. In diesem Fall ist vor der Deckzeit die sogenannte Schwanzschur angebracht.

Die Zahl der Deckakte pro Tag kann bei einem Bock in guter Zuchtkondition kurzfristig zwischen 20 und 40 liegen.

Wurde ein Schaf nicht befruchtet, tritt die Brunst in der Regel nach 17 bis 19 Tagen wieder auf. Tritt trotz weiterer Befruchtung die Brunst immer wieder auf und das Tier wird nicht tragend, sollte eine tierärztliche Untersuchung vorgenommen oder aber das Schaf gebrackt (geschlachtet) werden.

Wann ist der ideale Deckzeitpunkt?

Beim natürlichen Sprung wird der optimale Deck- bzw. Befruchtungszeitpunkt am besten getroffen. Da Schaf-

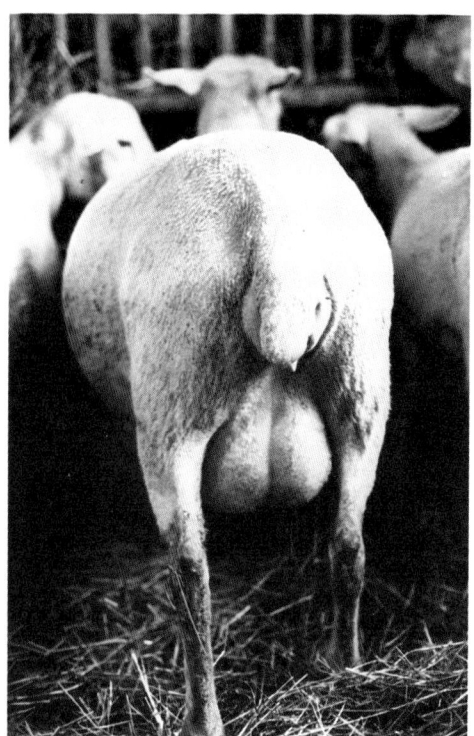

Ein hochtragendes, wenige Tage vor der Geburt stehendes Schaf. Das Euter ist prall, die Scheide angeschwollen.

Befruchtungsvorgang

Durch den Austritt von reifen Eiern aus den Eierstöcken wird die Brunst beim Schaf ausgelöst. Die Eier gelangen in die Eileiter und müssen dort befruchtet werden. Schafböcke deponieren beim Deckakt als sogenannte Scheidenbesamer den Samen in der Scheide des Schafes. Die Samenzellen wandern in den Eileiter und treffen dort auf die zu befruchtenden Eier. Befruchtete Eier nisten sich nach einigen Tagen in die schon vorbereitete Gebärmutter ein.

In den ersten vier Wochen der Trächtigkeit sind die Embryonen noch sehr empfindlich und werden teilweise durch Streßfaktoren wie starkes Treiben, z.B. durch Hunde, sowie krassen Futterwechsel und unausgeglichene Ernährung von der Gebärmutter abgestoßen. So kann in vielen Fällen eine Mehrlingsgeburt verhindert werden. Eine niedrige Fruchtbarkeit liegt also durchaus nicht immer nur an den Erbanlagen.

böcke während der 30 bis 36 Stunden dauernden Brunst ein Schaf meist mehrmals decken, wird fast immer ein Befruchtungserfolg erzielt.

Besitzt ein Schafhalter selbst keinen Bock und muß deshalb seine brünstigen Schafe zu einem Bock außerhalb des Bestandes bringen, ist der zweite Tag nach Erkennen der Brunstsymptome der erfolgreichste Decktag. Aber auch hier empfiehlt sich eine zweimalige Bedeckung im Abstand von fünf bis zehn Stunden.

Trächtigkeit und Geburt

Die Trächtigkeit beim Schaf dauert etwa 150 Tage, also ca. fünf Monate. Zwillingsgeburten haben eine um ein bis zwei Tage kürzere Trächtigkeit.

Trächtigkeitsanzeichen

In den ersten drei Monaten der Trächtigkeit, im sogenannten niedertragen-

Geburtslagen beim Schaf (vereinfachte Darstellung)

Vorderendlage

Hinterendlage

Vorderendlage mit untergeschlagenem Vorderbein. Korrektur erforderlich.

Hinterendlage mit untergeschlagenem Hinterbein. Korrektur erforderlich.

Die Geburtslage eines Lammes ist an der Klauenstellung erkennbar.

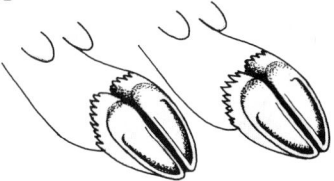

Vorderendlage
Normallage, häufigste Lage

Neben den gezeigten Geburtslagen sind noch weitere Fehllagen möglich.

Hinterendlage
Das Lamm verläßt den Geburtsweg zuerst mit den Hinterbeinen. Dauert der Geburtsvorgang zu lange, kann das Lamm Fruchtwasser in die Lunge bekommen und ersticken. Bei dieser Lage ist eine baldige Geburtshilfe ratsam.

den Stadium, sieht man noch keine äußerlichen Trächtigkeitsanzeichen. Erst im vierten und fünften Trächtigkeitsmonat beginnt eine zunehmende Euterentwicklung und eine Zunahme des Bauchvolumens vor allem im hinteren Bereich. In den letzten beiden Trächtigkeitsmonaten werden 80 % des Geburtsgewichtes gebildet. Deshalb muß die Fütterung hochtragender Tiere angemessen sein (siehe Fütterung).

Geburt

Wer seine Tiere häufig beobachtet, sieht, daß ein Schaf, das kurz vor der Lammung steht, sich anders verhält als üblicherweise

– es sondert sich ab,
– es kümmert sich um andere Lämmer,
– es uriniert häufiger,
– es legt sich häufig hin und steht wieder auf,

– die Scheide ist gerötet, angeschwollen und schleimig,
– das Euter ist prall gefüllt.

Man sollte ein solches Schaf in Ruhe lassen und abwarten; unnötige Eingriffe verzögern nämlich die Geburt.

Zu Beginn der Geburt erscheint als erstes die Fruchtblase, die vorher dem Embryo Schutz gab. Jetzt kommt ihr die Aufgabe zu, den Geburtsweg auszuweiten. Deshalb nie die Fruchtblase aufstechen! Mit Einsetzen der Austreibungswehen öffnet sich die Fruchtblase von selbst. Die Klauen des Lammes sind normalerweise das erste, was man von ihm sieht.

Geburtshilfe

Bei den meisten Geburten ist eine Geburtshilfe nicht erforderlich. Oft wird aus Ungeduld oder aber auch aus Unkenntnis zu früh Geburtshilfe geleistet.

Wenn etwa ein bis zwei Stunden nach Austritt der Fruchtblase das Lamm immer noch nicht geboren ist, sollte untersucht werden, ob die Ursache eine Fehllage oder aber ein zu großes Lamm ist.

Bei jedem Eingriff sind die Hände vorher zu desinfizieren. Dabei soll nach Möglichkeit ein spezielles Gleitmittel verwendet werden. In Ausnahmefällen kann dabei auch Seife helfen.

Ist das Lamm für den Geburtsweg zu groß, muß Zughilfe geleistet werden. Dabei abwechselnd an beiden Vorderbeinen ziehen. Nie an beiden Beiden

zusammen ziehen! So wird die Belastung der Geburtswege verringert. Immer zusammen mit den Preßwehen ziehen!

Bei Fehllagen ist erst nach erfolgter Korrektur (evtl. Zurückschieben des Lamms in die Gebärmutter, wo eine Korrektur möglich ist) Zughilfe zu leisten.

Vorsichtiges Hantieren und Geduld sind bei der Geburt höchstes Gebot!

In schwierigen Fällen empfiehlt es sich für den Anfänger, den Tierarzt oder einen erfahrenen Schafhalter beizuziehen.

Nachdem ein Lamm geboren ist, stellt sich die Frage, ob noch ein weiteres zu erwarten ist. Im Normalfall wartet man ein bis zwei Stunden ab, oder überzeugt sich durch einen Eingriff in die Gebärmutter, dies aber nur, wenn das erste Lamm eine Schwergeburt war. In den meisten Fällen wird die Nachgeburt (ein fleischiges, mit kleinen Erhebungen versehenes Gebilde) bereits

Seite 73:
Der Deckakt. Deutlich sichtbar der Umklammerungsreflex. Die Geburt auf einem relativ keimarmen Pferchacker ist nicht nachteilig. Durch das Belecken wird die Mutter-Kind-Beziehung aufgebaut. Bei Zwillingsgeburten ist es wichtig, daß das Schaf beide Jungen dazu in unmittelbarer Nähe hat. Je nach Außentemperatur stehen Neugeborene bereits nach 10 bis 20 Minuten auf und suchen nach dem Schafeuter.

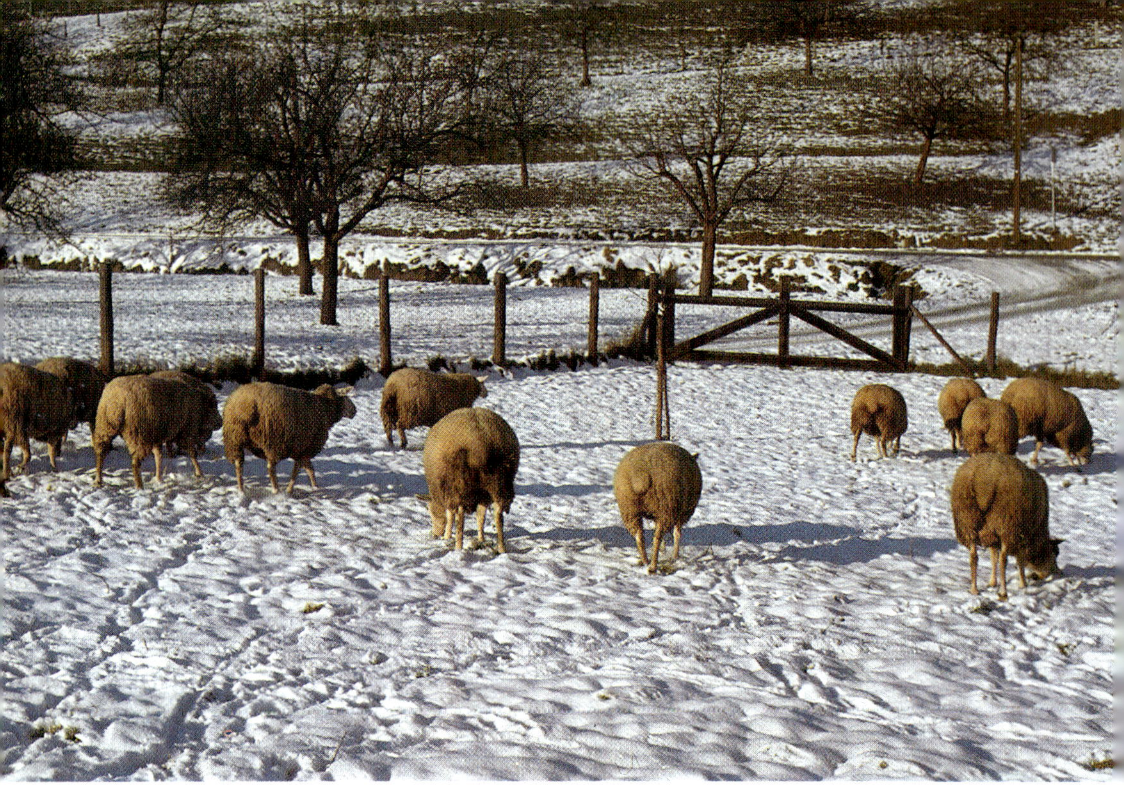

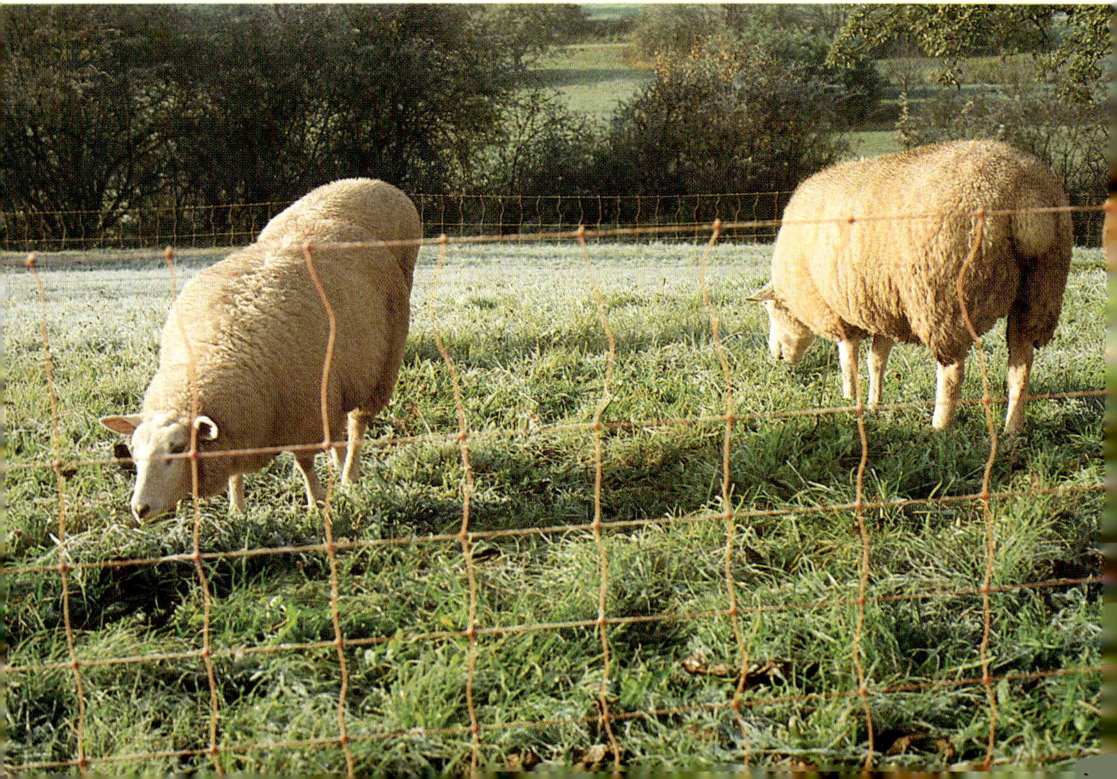

nach ein bis zwei Stunden abgestoßen. Dann ist der Geburtsvorgang beendet. Die Entfernung der Nachgeburt aus dem Stall ist selbstverständlich, denn manche Schafe fressen die Nachgeburt auf, was zu Störungen im Wiederkäuermagen führen kann.

Versorgung der Mutter

Nach erfolgter Geburt bringt man Schaf und Lämmer in eine Ablammbucht. Dort werden Schaf und Lämmer kaum gestört, was den Aufbau der Mutter-Kind-Beziehung fördern soll.

Bei der obligatorischen Euterkontrolle werden beide Striche angemolken, um vorhandene Zitzenpfropfen zu entfernen. So ist ein frühzeitiges problemloses Saugen gewährleistet.

Frisches Wasser, bestes Heu und Kraftfutter muß jetzt den Mutterschafen immer zur Verfügung stehen.

Gab es bei der Geburtshilfe Komplikationen oder sind Verletzungen beim Geburtsvorgang zu befürchten, empfiehlt es sich, vom Tierarzt antibiotikahaltige Stäbe gegen Infektionen in die Gebärmutter einlegen zu lassen.

Seite 74:
Schafe lieben die Bewegung im Freien auch bei Schnee. Dieses Bedürfnis sollte man nach Möglichkeit berücksichtigen.
Im Herbst können viele Wiesen, abgetrennt mit dem Elektronetz, gehütet werden. Dabei ist es für die Schafe nicht schädlich, wenn das Gras gefroren ist.

Versorgung des Neugeborenen

Wenn sich im Mund-Rachenraum des neugeborenen Lammes Geburtsschleim befindet, ist dieser zuerst zu entfernen. In die Luftröhre eingedrungenes Fruchtwasser kann durch Hochhalten an den Hintergliedmaßen ausgeschleudert werden.

Das Neugeborene wird der Mutter vorgelegt, die es meist sehr intensiv ableckt. Dies dient der Belebung des Kreislaufs, der Trocknung des Fells und auch dem Aufbau der Mutter-Kind-Beziehung. Je nach Vitalität stehen die Lämmer spätestens nach einer halben Stunde auf, um zu saugen. Je früher die Lämmer mit dem Saugen anfangen, desto mehr nehmen sie von den notwendigen Schutzstoffen die in der Biestmilch enthalten sind, auf. Da diese Antikörper nur in den ersten 24 Stunden nach der Geburt durch die Darmwand unverdaut aufgenommen werden können, ist für eine rechtzeitige Aufnahme zu sorgen, was für die Widerstandskraft und somit für die Entwicklung des Lammes von größter Wichtigkeit ist.

Steht dem Neugeborenen keine muttereigene Biestmilch zur Verfügung, kann mutter-fremde Milch verabreicht werden, indem man das Lamm an einer Amme saugen läßt oder aber für solche Fälle eingefrorene Biestmilch dem Gefrierschrank entnimmt. Das Einfrieren von Biestmilch hat sich sehr gut bewährt. Dazu nimmt man möglichst Kolostralmilch von älteren Scha-

So sieht ein gesundes Lamm nach wenigen
Stunden aus.

fen, die bereits Schutzstoffe gegen die meisten stallspezifischen Erreger haben. Es gibt unterkühlte und schwache, sauguntüchtige Lämmer oder Schafe, die ihre Lämmer nicht saugen lassen. In solchen Fällen weckt die Verabreichung von etwa 35 °C warmer Kuhmilch bereits die Lebensgeister eines Lammes.

Nach der Geburt stellt die Nabelöffnung eine ideale Eintrittsöffnung für Keime aller Art dar. Deshalb sollte auf die Nabelversorgung größter Wert gelegt werden. Das Eintauchen des Nabelstranges in Jodtinktur oder das Besprühen mit Desinfektionsspray hilft, Infektionen im Nabelbereich vorzubeugen. Dabei muß das Desinfektionsmittel unbedingt in das Nabelinnere eindringen können. Nur äußerliche Anwendung des Sprays ist sinnlos.

Aufzucht von Lämmern

Bei der Aufzucht von Lämmern sind heute zwei Methoden gebräuchlich: die natürliche und die künstliche Aufzucht.

Bei der *natürlichen Aufzucht* wird das

Sauglamm durch Muttermilch ernährt.

Die *künstliche Aufzucht* wird auch als mutterlose Aufzucht bezeichnet, denn bereits nach dem ersten Tag (manchmal erst später) werden die Lämmer von der Mutter abgesetzt und mit Milchaustauschertränke ernährt.

Normalerweise ist die herkömmliche, natürliche Aufzucht kostengünstiger und arbeitssparender. Aber es gibt immer wieder Fälle, bei denen die mutterlose Aufzucht das Überleben von Lämmern überhaupt erst ermöglicht:

- wenn die Mutter die Geburt nicht überlebt
- wenn die Milch für Mehrlingsgeburten nicht ausreicht
- wenn ein Schaf zu seinem Lamm keine Mutter-Kind-Beziehung aufgebaut hat und es verstößt
- wenn ein Lamm durch Krankheiten, z.B. durch Rachitis oder Selenmangelkrankheit saugunfähig ist

Sind diese Probleme nur von vorübergehender Dauer, kann die Milch des Schafes abgemolken und dem Lamm mit einer Babyflasche verabreicht werden. Ist die natürliche Aufzucht jedoch überhaupt nicht möglich, beginnt die Suche nach einer Amme, die ein verwaistes Lamm annimmt.

Das sogenannte Unterstoßen von fremden Lämmern bei Mutterschafen ist ein schwieriges Unterfangen mit meist geringem Erfolg, sofern das dazu notwendige Fingerspitzengefühl fehlt.

Ziegen sind relativ gute Ammen, die sich meist wenig an der Herkunft der Sauglämmer stören.

Bei Erstlingen kommt es hin und wieder vor, daß die Lämmer nicht saugen dürfen oder sogar abgestoßen werden, weil die junge Mutter mit dem Lamm nichts anzufangen weiß. In solchen Fällen hilft nur kurzes Anbinden des Schafes in der Ablammbucht. Ein forscher Ton während des zwangsweisen Saugens erzeugt beim Schaf Angst und somit größere Bereitschaft zur Duldung des Lammes. An der Bauchfüllung des Lammes ist zu sehen, ob das Lamm auch außerhalb der überwachten Saugzeit Gelegenheit hatte, zu saugen, bzw. ob es durfte.

In der Regel kann sich nach ein paar Tagen das Lamm auch besser durchsetzen und die Mutter-Kind-Beziehung normalisiert sich.

Ist die natürliche Aufzucht nicht mehr möglich, steht ein arbeitsaufwendiges, auch teures Verfahren bevor, bei dem es verschiedene Punkte zu beachten gibt:

Tränkdauer:
Insgesamt mindestens sechs Wochen lang, bzw. bis auf 15 bis 20 kg Lebendgewicht Milchaustauschertränke (MAT) geben.

Tränkmenge:
1. Tag: $5 \times 70 \text{ cm}^3$
Allmählich steigern, anfangs besser öfter und in kleineren Mengen tränken. Von der vierten Woche an auf 1 l Tränkemenge begrenzen. Nie mehr als 1,5 l je Tag verabreichen.

Milchaustauscher: (pulverisiert)

Spezielle Lämmermilch- oder auch kupferarme Kälbermilchaustauscher sind einsetzbar und gut geeignet. Mit Kuhmilch kann ebenfalls getränkt werden, dies ist aber auf die Dauer zu teuer.

Tränkekonzentration:

In 1 l Wasser werden 250 g MAT gelöst, mit dem Schneebesen klumpenfrei angerührt und auf eine Temperatur von 35°C gebracht.

Tränkgeräte:

Lämmer können aus Schüsseln, Babyflaschen und Weinflaschen mit Schnuller oder mit speziellen Zitzeneimern getränkt werden.

Milchaustauscherverbrauch:

Pro Kilogramm Zuwachs werden etwa 1,5 kg MAT benötigt. Bis zu einem Gewicht von 20 kg werden so etwa 20 kg MAT gebraucht. Bei einem Kilopreis von 3.00 DM belaufen sich die Kosten für den MAT auf etwa 60 DM.

Zufütterung:

Bereits nach einer Woche sind Kraftfutter und Heu anzubieten.

Allgemeines:

Dieses Verfahren wird nur erfolgreich sein, wenn absolute Sauberkeit und Hygiene bei Milch, Gefäßen und Tieren befolgt wird. Angesäuerte Milch und zu hohe Tränkemengen führen zu Durchfall.

Zur Reinigung der Geräte ist es angebracht, spezielle alkalische und saure Melkmaschinenrcinigungsmittel und nicht die handelsüblichen

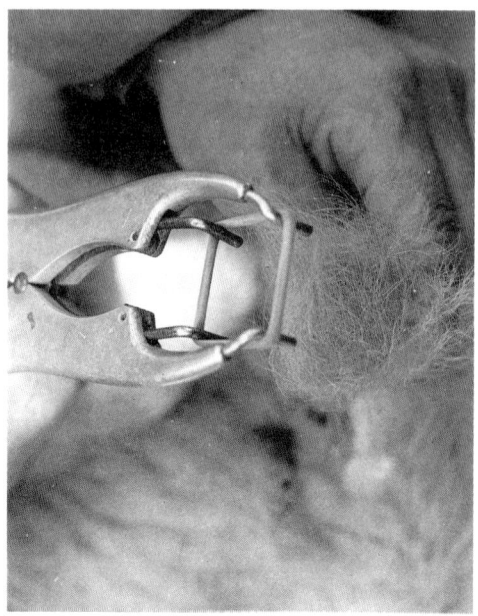

Mit einer Zange wird der Gummiring gespannt und über den Schwanz bzw. den Hodensack geführt.
Der Gummiring sollte zwischen dem 3. und 4. Wirbel angesetzt werden.
Bei der Kastration ist darauf zu achten, daß beide Hoden erfaßt werden und der Ring unterhalb der kleinen Zitzen plaziert wird.

Haushaltsspülmittel zu verwenden. Mit viel Mühe, Geduld und Erfahrung kann die künstliche Aufzucht erfolgreich sein und Freude bereiten, denn so gezogene Lämmer bleiben zeitlebens auf den Menschen bezogene anhängliche Tiere.

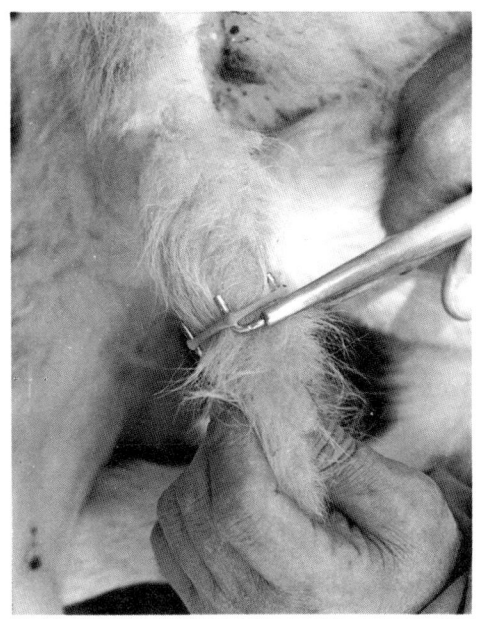
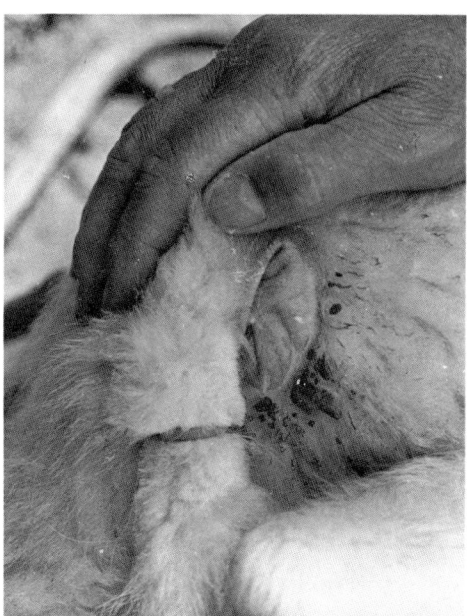

Kupieren und Kastrieren

Kupieren

Das Kupieren des Schwanzes bei langschwänzigen Schafen dient der Zuchthygiene bei Mutterschafen und Zuchtböcken, um so die Verschmutzung des Schwanzes mit Kot zu vermeiden. In einem vorbildlichen Betrieb sollten alle Mutterschafe kupiert sein, denn damit werden Deckakt und Lammung erleichtert. Die Geburtshygiene, die Übersichtlichkeit und Sauberkeit werden durch diesen Eingriff erheblich verbessert. Der unbewollte Schwanz der Milchschafe wird nicht kupiert.

Die häufigste Methode für das Kupieren ist das Anlegen von Gummiringen mit Hilfe einer Zange zwischen dem dritten und vierten Schwanzwirbel. Die Lämmer dürfen dabei nach dem Tierschutzgesetz höchstens drei Monate alt sein. Durch die straffen Gummiringe wird die Durchblutung im Schwanz unterbunden und der Schwanzrest fällt nach zwei bis drei Wochen von selbst ab.

Der Restschwanz muß unbedingt so lang sein, daß später After und Scheide bedeckt sind. Dies ist zum Schutz gegen Insekten und zur Verhinderung von Scheiden- und Mastdarmvorfällen notwendig. Es gibt auch blutige Methoden des Kupierens, die nur vom gelernten Schäfer durchgeführt werden sollten.

Kastrieren

Mit etwa drei Monaten beginnen Bocklämmer durch ihren Geschlechtstrieb Unruhe in die Herde zu bringen. Zur Vermeidung dieses Problems ist eine gesonderte Haltung der Bocklämmer oder aber deren Kastration zu empfehlen, die aber nur von erfahrenen Schafhaltern durchgeführt werden sollte. Die Kastration kann bis zu einem Alter von vier Wochen ebenfalls durch Anlegen von Gummiringen oder durch Abklemmen der Samenstränge mit der sogenannten Burdizzozange erfolgen. Die blutige Entfernung der Hoden ist nicht mehr üblich.

Nach dem Tierschutzgesetz dürfen ohne Betäubung nur Böcke kastriert werden, die noch nicht geschlechtsreif sind. Kastraten haben im Vergleich zu unkastrierten Tieren eine stärkere Verfettung, sowie eine schlechtere Futterverwertung bei geringeren Gewichtszunahmen aufzuweisen. Je später die Kastration erfolgt, desto geringer fallen diese Nachteile ins Gewicht.

Kennzeichnen von Schafen

Es gibt unter Schafhaltern geradezu Genies im genauen Erkennen von Schafen anhand von Äußerlichkeiten. Diese Kunst beherrschen aber nicht alle Schafhalter. Für die Kennzeichnung von Schafen, zu unterschiedlichen Zwecken, gibt es verschiedene Kennzeichnungsmethoden:

Viehzeichenstift: Der Viehzeichenstift ist in verschiedenen Farben erhältlich und dient der kurzfristigen Kennzeichnung von Schafen. Soll z.B. ein krankes, brünstiges, oder zur Schlachtung vorgesehenes Tier vorübergehend gekennzeichnet werden, ist der Farbstift das einfachste Mittel. Nach einer Woche läßt jedoch die Farbwirkung nach. Aus Unkenntnis werden dabei häufig riesige Striche ins Vlies gemacht, die nachher weder beim Gerben noch bei der Wollwäsche restlos beseitigt werden können. Deshalb sollte man die Zeichnung nur an Ohr, Stirn oder Schwanzansatz anbringen.

Fellstempel: Für die Dauer von einigen Wochen ist auch ein Fellstempel

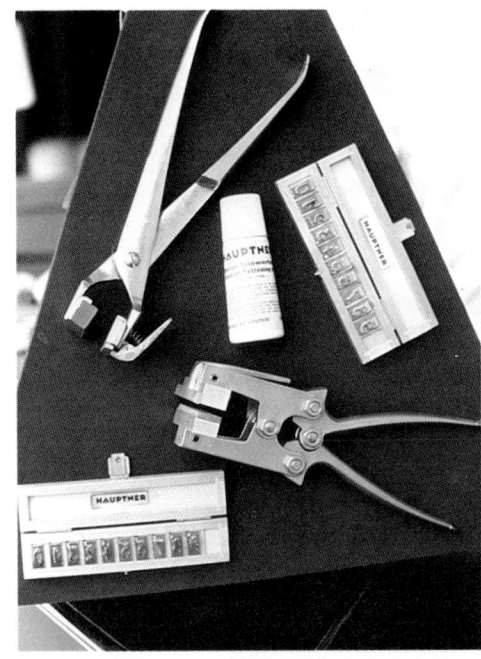

Fellstempel eignen sich
zur Kennzeichnung für
die Dauer von ein bis
drei Monaten.
Ohrmarken in verschie-
denen Anfertigungen.
Tätowierzangen, mit
Nummern und der
dazugehörigen Paste.
Herdbuchnummer
eines Bocks und
Schwalbenschwanz
im Ohr.

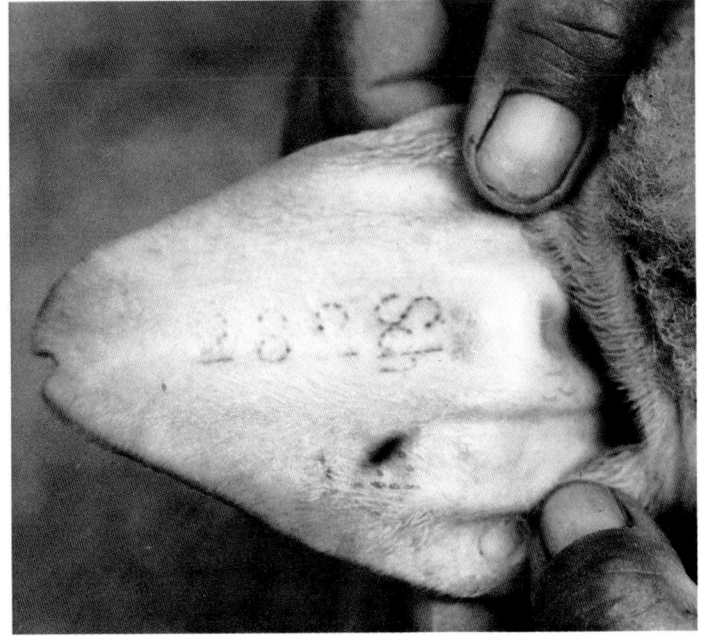

geeignet, Schafe zu kennzeichnen. Vor allem bei der Lammung werden häufig Mutterschaf und Lämmer mit derselben Fellnummer versehen. So hat man einen besseren Überblick über die Zusammengehörigkeit von Lämmern und Schafen.

Kerbzange: Die Kennzeichnung von Schafen durch Ohrkerbung ist eine häufig angewandte Methode, vor allem zur Markierung der Besitzverhältnisse. Dazu werden an bestimmten Stellen eines Ohres mit der Kerbzange sichtbare Ohrkerben angebracht, die lebenslang sichtbar sind.

Herdbuchschafe und Zuchtböcke werden von den meisten Verbänden mit einer Kerbung in der rechten Ohrspitze, dem sogenannten Schwalbenschwanz, gekennzeichnet.

Ohrmarken und Ohrtätowierung:
Diese beiden Methoden sind dort angebracht, wo Tiere dauerhaft gekennzeichnet werden müssen, wie z. B. in der Herdbuchzucht zur Abstammungssicherung.

Ohrmarken haben den Vorteil, daß sie leicht ins Ohr eingesetzt werden können, aber auch den Nachteil, daß sie leicht verloren gehen, vor allem an Weideeinzäunungen bleiben sie gerne hängen. Nachteilig sind ebenfalls häufige Entzündungen im Bereich des Ohrdurchstichs. Bei Schafdiebstahl sind sie leicht zu entfernen.

Mit einer Ohrtätowierung erreicht man die dauerhafteste Kennzeichnung. Dazu wird in eine spezielle Zange die gewünschte Nummer eingesetzt und dann in die entsprechenden Ohrgassen eingedrückt. Anschließend muß die Tätowierpaste in die Einstichpunkte eingerieben werden. Zur Identitätssicherung werden neuerdings auch Tätowierungen an den Innenschenkeln angebracht.

Schafkrankheiten

Gerade in Koppelschafhaltungen, die zudem noch von Anfängern betrieben werden, treten bei den Schafen häufig Gesundheitsprobleme auf, die eigentlich nicht sein müßten, wenn die üblichen Vorsorgemaßnahmen durchgeführt oder aber Krankheiten im Anfangsstadium erkannt würden. Je früher eine Krankheit festgestellt wird, desto besser kann geholfen werden. Bei Krankheiten, denen mit einer wirksamen Vorsorge zu begegnen ist, gilt das alte Sprichwort »Vorbeugen ist besser als Heilen«. In diesem Kapitel sollen nur die wichtigsten und am häufigsten auftretenden Erkrankungen des Schafes, ihre mögliche Vorbeugung und ihre Bekämpfung beschrieben werden.

Innenparasiten

Hierbei handelt es sich um Parasiten, die sich im Tier befinden und den Wirtsorganismus, das Schaf, schädigen, indem sie dem Darm z. b. Nährstoffe entziehen, die Darmoberfläche schädigen und zusätzlich Giftstoffe absondern.

Für die genannten Innenparasiten ist das Schaf Endwirt, d.h. Sitz der geschlechtsreifen Formen.

Innenparasiten beim Schaf

Gruppe	Name	Vorkommen
Einzeller	Kokzidien	im Darmtrakt
Plattwürmer	Großer und kleiner Leberegel	in Gallengängen der Leber
Bandwürmer	hauptsächlich eine Art: Wiederkäuerbandwurm	im Dünndarm (mehrere Meter lang)
Rundwürmer	Großer Lungenwurm, mehrere Kleine Lungenwürmer	Lungengewebe, Bronchien
	mehrere Magen-Darm-Wurmarten	im Labmagen, Dünn- und Dickdarm

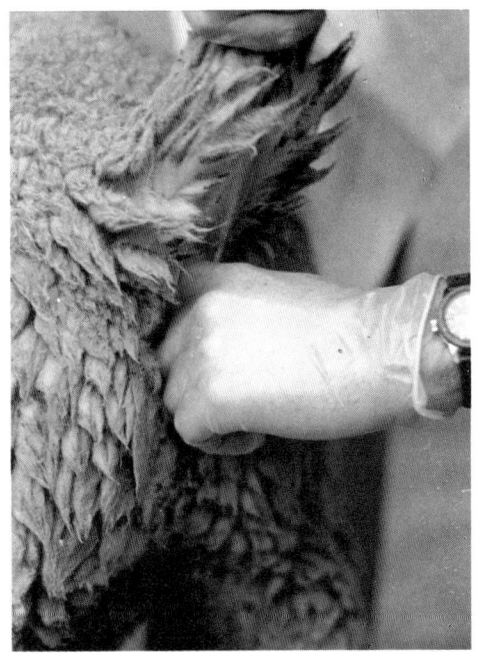 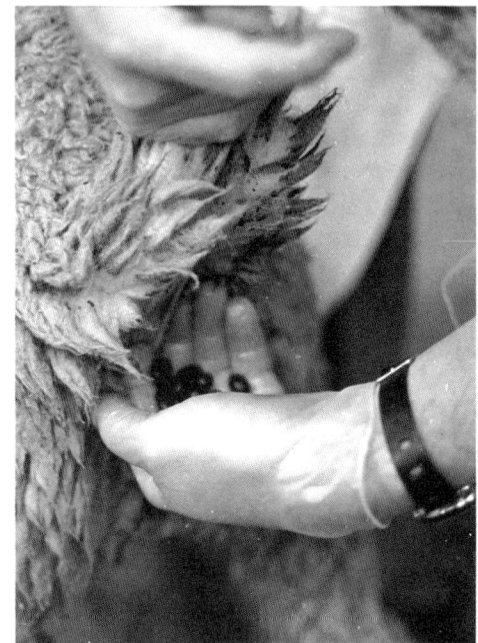

So kann man den Schafen eine Kotprobe
entnehmen.

Daneben kommt das Schaf als Zwischenwirt von mehreren Hundebandwurmarten in Frage, die im Schaf ein Jugendstadium (Finne) durchlaufen.

An welchen Anzeichen erkennt man, ob ein Schaf Würmer hat?

Die wichtigsten Anzeichen von Wurmbefall sind:
Durchfall, Abmagerung, Blässe der Schleimhäute (Blutarmut), Wachstumsstillstand, Wasseransammlung in der Kehlkopfgegend (Kropfen).
Aber es können auch äußerlich gesunde Schafe von Innenparasiten befallen sein. Nur mit einer frischen Kotprobe, möglichst aus dem Mastdarm entnommen, ist eine eindeutige Diagnose möglich. Man sollte getrennt nach Altersklassen (Lämmer und Altschafe) Sammelkotproben entnehmen und umgehend zur Untersuchung absenden. Vor allem in Fällen, bei denen ein Verwurmungsverdacht vorliegt, jedenfalls aber in Abständen von etwa einem Jahr sind Kotuntersuchungen angebracht.
Eine solche Kotprobe sendet man an das zuständige Tierärztliche Untersuchungsamt. Diese Untersuchungen sind in manchen Bundesländern kostenlos, d. h. die Kosten werden von der jeweiligen Tierseuchenkasse getragen,

84

sofern die gesetzlichen Beiträge entrichtet wurden.

Warum ist das Risiko bei der Koppelhaltung besonders groß?

Während Hüteschafhaltungen Besatzdichten von drei bis vier Schafen je ha aufweisen, kann eine Koppelschafhaltung vorübergehend eine Schafdichte bis zu etwa 100 Schafe je ha erreichen. Hohe Besatzdichte und zu geringer Weidewechsel erhöhen in einer Koppel das Infektionsrisiko. Die Aufnahme ansteckungsfähiger Larven kann bei einiger Sorgfalt vermindert werden: Die ansteckungsfähigen Parasitenlarven befinden sich in Tautropfen auf den Spitzen des Weidegrases. Dort werden sie von den Schafen aufgenommen. Mit dem Trocknen des Taus ziehen sich die Larven in die Grasnarbe zurück.

Grundsatz:
Erst nach dem Abtrocknen des Taus austreiben (alte Schäferregel) – Hütetechnischer Grundsatz für die Weide: »Kurze Beweidung« – lange Pause.«

Befolgt man diesen Grundsatz, schont man nicht nur die Weide selbst, sondern verringert auch den Parasitenbefall. In der Regel dauert die Entwicklung vom Wurmei, das vom weidenden Schaf ausgeschieden wird bis zur ansteckungsfähigen Larve je nach Witterung mindestens zwei bis drei Tage. Wird die Weide gewechselt, bevor die Infektion mit ansteckungsfähigen Larven möglich ist, kann mit diesem hütetechnischen Kniff ohne Kosten das Risiko erheblich verringert werden. Kleinschafhaltungen haben nicht immer die Möglichkeit, die tägliche Weidezeit entsprechend dem Tau zu regulieren oder gar einen raschen Weideumtrieb durchzuführen. In diesen Fällen ist eine Anzahl von Wurmkuren zu strategisch günstigen Zeitpunkten vorteilhaft.

Bekämpfung von Innenparasiten

Medikamentöse Behandlung von Wurmerkrankungen können mit einem Behandlungsplan gezielt durchgeführt werden.
Es gibt Wurmmittel, die nahezu das gesamte Spektrum der Wurmarten (Lungen-, Magen-, Darm- und Bandwurmbefall) innerhalb von 24 Stunden abtöten.
Solche Medikamente werden beispielsweise unter folgenden Namen vertrieben:
Ovithelmin, Synantic, Systamex, Rintal, Panacur (wirkt bei doppelter Dosis auch gegen Bandwurm).
Die Behandlungsanweisungen und die Dosierung müssen genau eingehalten und die Gebrauchsanweisungen sorgfältig gelesen werden.

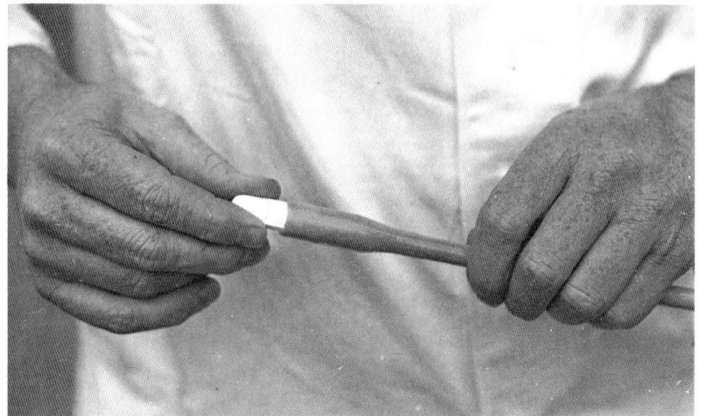

Boli-Form, eine große Tablette, die auf den sogenannten Boli-Eingeber eingesetzt wird.

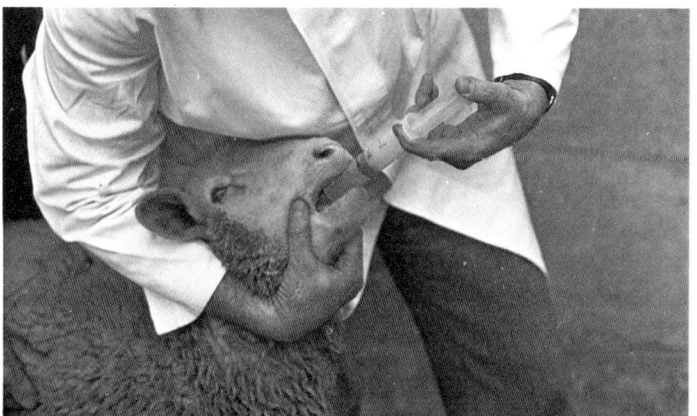

Bei kleineren Beständen sind einfache Eingabegeräte aus Plastik ausreichend.

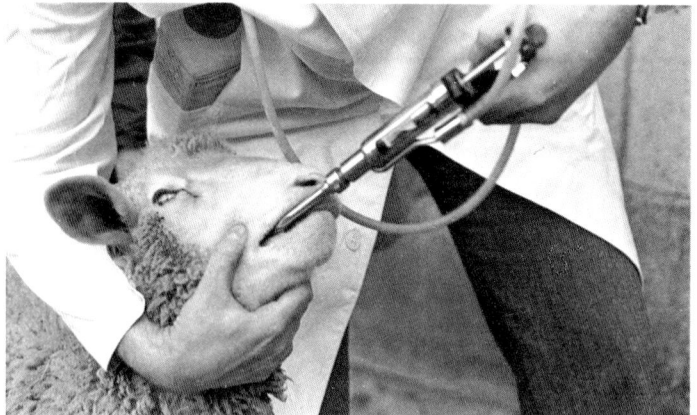

Bei größeren Beständen lohnt sich eine Eingebepistole.

Die meisten Würmer werden bei einer Wurmkur in der Regel schon im Tier abgetötet und sind somit nicht mehr fortpflanzungsfähig. Damit eine umgehende Neuansteckung vermieden wird, geht man nach der Kur auf frische, wurmbrutarme Weiden.

Strategisch günstige Zeitpunkte für Wurmkuren

In der Regel geht man von einer drei- bis viermaligen Wurmkur pro Jahr aus. Der Wurmbefall bei Alttieren und Lämmern ist unterschiedlich und kann deshalb auch zu verschiedenen Zeiten bekämpft werden.

Alttiere:
– Behandlung vor Weideaustrieb (März-April-Mai)
– Behandlung im Juni (Höhepunkt der Weideverseuchung mit Wurmbrut)
– Behandlung im Herbst (spätestens vor Winteraufstallung)
– Entlastungsbehandlungen zwischendurch, wenn sich Anzeichen einer stärkeren Wurmbelastung andeuten (Kotproben!)

Während der Stallperiode ist mit Neuinfektionen nicht zu rechnen, außer durch den Zwergfadenwurm bei Lämmern.

Bei hochträchtigen Schafen sollten möglichst keine Kuren durchgeführt werden. Kuren nach der Lammung oder bereits im niedertragenden Zustand sind günstiger.

Lämmer:
– Routinemäßig alle fünf bis sechs Wochen Kuren, im Juni, Juli, August sogar alle vier Wochen.
– Die erste Behandlung kann schon im Alter von fünf Wochen notwendig sein.

Werden die wesentlichen biologischen Grundgegebenheiten zur Bekämpfung der Innenparasiten beachtet, sollte man in seinem Betrieb kein Wurmproblem mehr haben, sondern einen gesunden und leistungsfähigen Schafbestand.

Außenparasiten

Die Außenparasiten befinden sich auf der Haut bzw. in der Wolle der Schafe. Ihre häufigsten Vertreter sind

– Räudemilben
– Haarlinge (Sandläuse)
– Lausfliege (Schaflaus)
– Zecken (zwei Arten)

Räudemilben

Die Körperräude bei Schafen ist eine anzeigepflichtige Seuche und nach den Vorschriften des Tierseuchengesetzes zu bekämpfen. Verursacht wird

Ein an Räude erkranktes Schaf. So weit
sollte es nicht kommen.

diese Krankheit von Milben, die auf der
Haut des Schafes leben. Durch den
Juckreiz sinkt die Futteraufnahme,
Schafe scheuern sich, verletzen und
infizieren dabei die Haut und verlieren
dann Wolle. Ohne Bekämpfung dieser
Krankheit sind Totalverluste in gro-
ßem Ausmaß zu erwarten.

Krankheitsanzeichen: Starkes Reiben
und Zupfen an den befallenen Stellen,
Krustenbildung auf der Haut und
Verhornung, Sekretbildung – schließlich büschelweiser, später flächenhaf-

ter Ausfall der Wolle, dabei Reiben an
Hürden, Bäumen und Zäunen.
Räudemilben können nur mikrosko-
pisch in einem Hautgeschabsel nachge-
wiesen werden.

Haarlinge (Sandläuse)

Ihr Schadbild wird manchmal mit der
Räude verwechselt, da hier ebenfalls
vom Schaf selbst ausgezupfte Wolle als
Symptom auftritt. Die Haarlinge sind
jedoch nicht Haut- sondern Wollpara-
siten, welche Haut- und Wollschuppen

fressen, die Wollqualität beeinträchtigen und ebenfalls einen starken Juckreiz verursachen. Man sieht bei einem Sandlausbefall kleine bräunliche Lebewesen an den befallenen Stellen auf der Haut. Befallene Tiere reiben vorwiegend mit der Hinterhand. Sandläuse sind bei genauer Besichtigung mit bloßem Auge gerade noch zu erkennen.

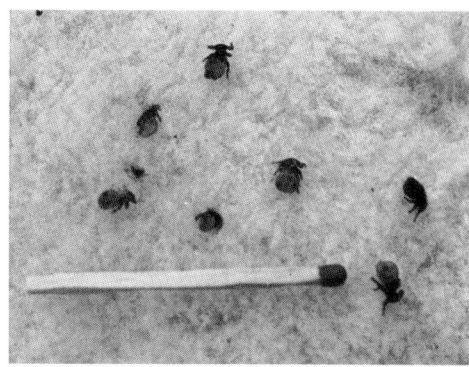

»Schafläuse« verursachen bei den Schafen viel Unruhe.

Schaflausfliege (Schaflaus)

Die Schaflausfliege – ein flügelloses Insekt – lebt vom Blut des Schafes und kann schwache Tiere besonders stark befallen. Wegen dem Blutverlust sowie den möglichen Infektionen durch die Einstiche und die damit verbundene Unruhe bei den Tieren ist dieser Parasit für die Schafe ein lästiger Vliesbewohner. Die linsengroßen, schwarzen, käferartigen »Läuse« werden gelegentlich in der Naturheilkunde zur Therapie von Lebererkrankungen beim Menschen eingesetzt. Dabei soll nur die Einnahme im lebenden Zustand erfolgreich sein.

Fliegen und Bremsen können frischgeschorenen und Tieren ohne Bauchbewollung arg zusetzen. Solche Tiere legen sich dann beim Weiden auf den Boden.

Schafzecken

Das Schaf wird hierzulande von zwei Zeckenarten befallen:

Frühjahrswaldzecke: Ihre Verbreitung beschränkt sich bei uns auf die wärmeren Flußtäler Süddeutschlands. Sie befällt die Schafe vorwiegend im zeitigen Frühjahr (März bis April). Die Befallstellen dieser Zecken liegen im oberen Halsbereich.

Sommerwaldzecke oder **Holzbock:** Geht auch an den Menschen. Der fast ausschließlich auf den wollfreien Zonen des Schafes auftretende Holzbock befällt Warmblüter vor allem an Waldrändern und buschreichen Weiden.

Im Sommer werden geschorene Schafe und Schafe ohne Bauchbewollung durch die schmerzhaften Stiche der Bremsen belästigt und beunruhigt.

Andere Parasiten

Schmeißfliegen legen manchmal Eier in Wunden. Dort entwickeln sich sichtbare Fliegenmaden.

Bekämpfung der Außenparasiten – Schafbadung

Gegen alle Außenparasiten wirkt als Therapie die Schafbadung. Dazu gibt es verschiedene Bademittel (Medikamente), wie Sebacil, Spruzit, Alugan, Asuntol, Pecusanol, die mit Wasser verrührt werden, dann entsprechend der Gebrauchsanweisung, auf die Haut, bzw. die Wolle des Schafes gebracht werden.

– Durch Begießen mit der Gießkanne,
– durch Besprühen mit einer Spritze,
– oder durch Tauchen in einem Tauchbad

kann ein guter Erfolg erzielt werden.

Wann soll routinemäßig gebadet werden?

In der Regel ist die jährliche Routinebadung sechs bis zehn Wochen nach der Schur am günstigsten.

Extrabehandlungen können nötig werden,

– bei Sandlaus-Neuinfektion im Herbst,
– bei Fliegenmadenbefall,
– bei Räude oder bei
– Zeckenplage.

Seite 91:
Diese kleine Schwarzkopfherde erspart dem Forellenteichbesitzer mühsame Mäharbeiten.

Nasse Sumpfgebiete mit Dauergräsern sind normalerweise für die Schafbeweidung nicht geeignet, denn in Feuchtgebieten ist u.a. die Gefahr der Verwurmung sehr groß. In Trockenperioden kann ein solches Gebiet bei Futtermangel ausnahmsweise beweidet werden.

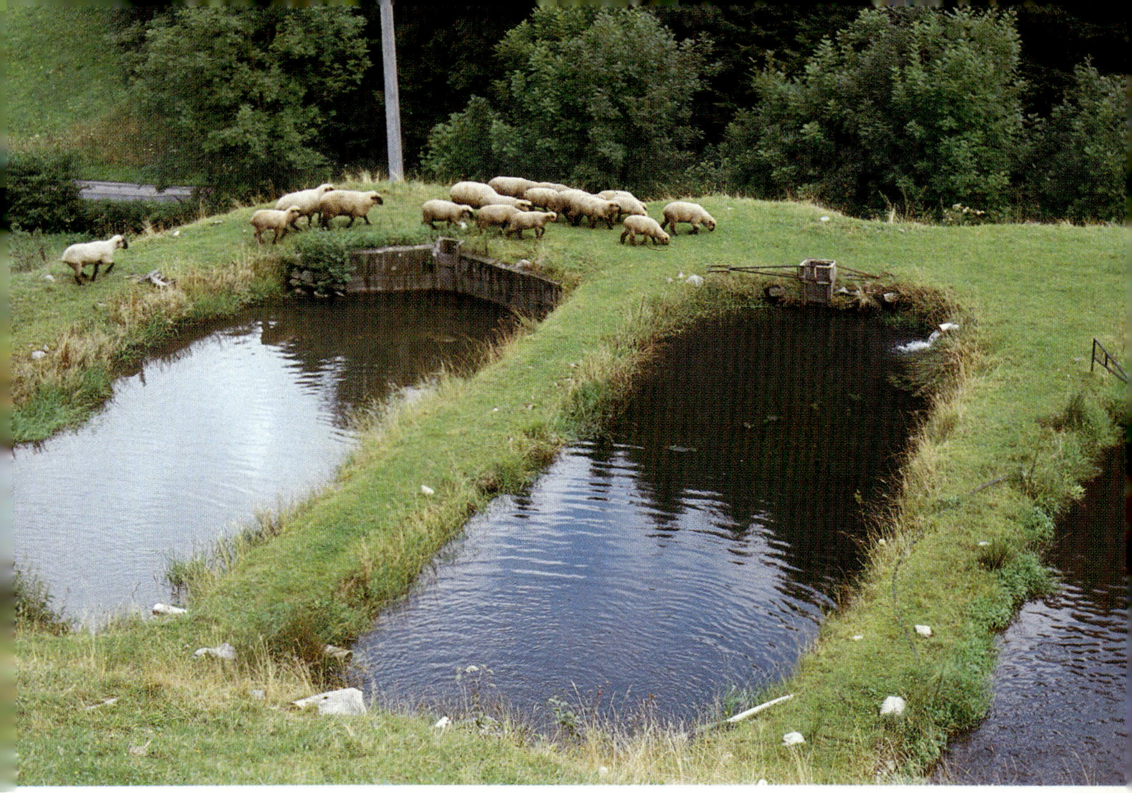
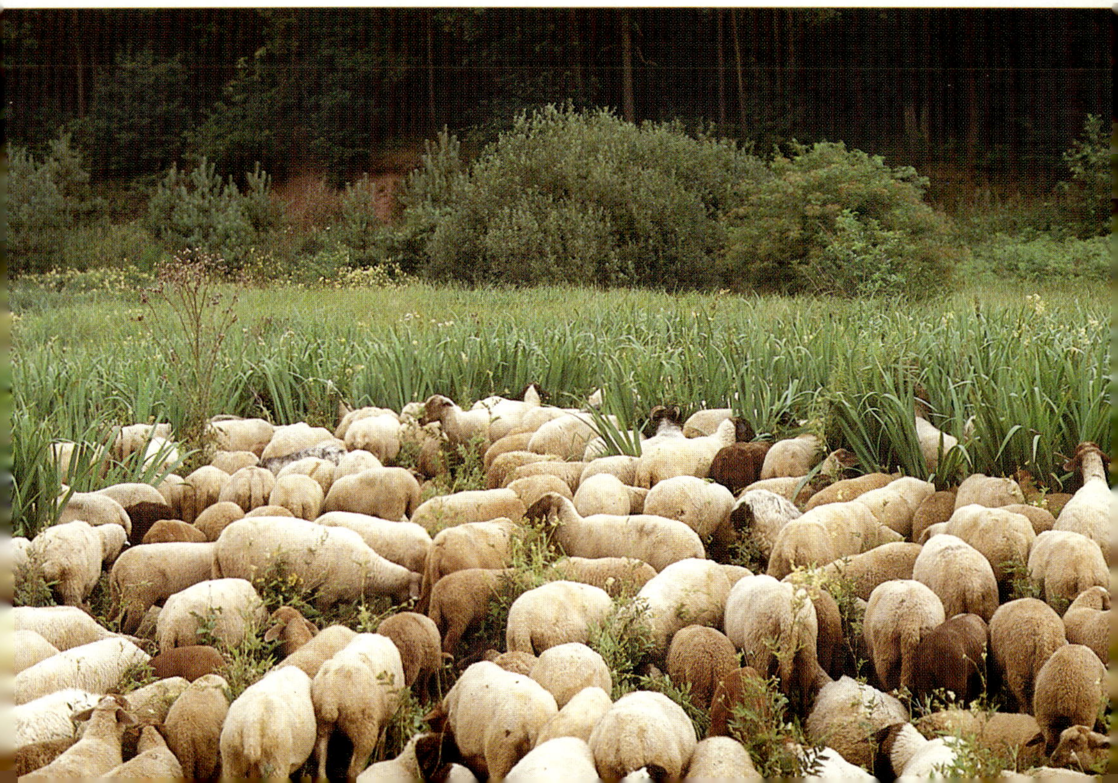

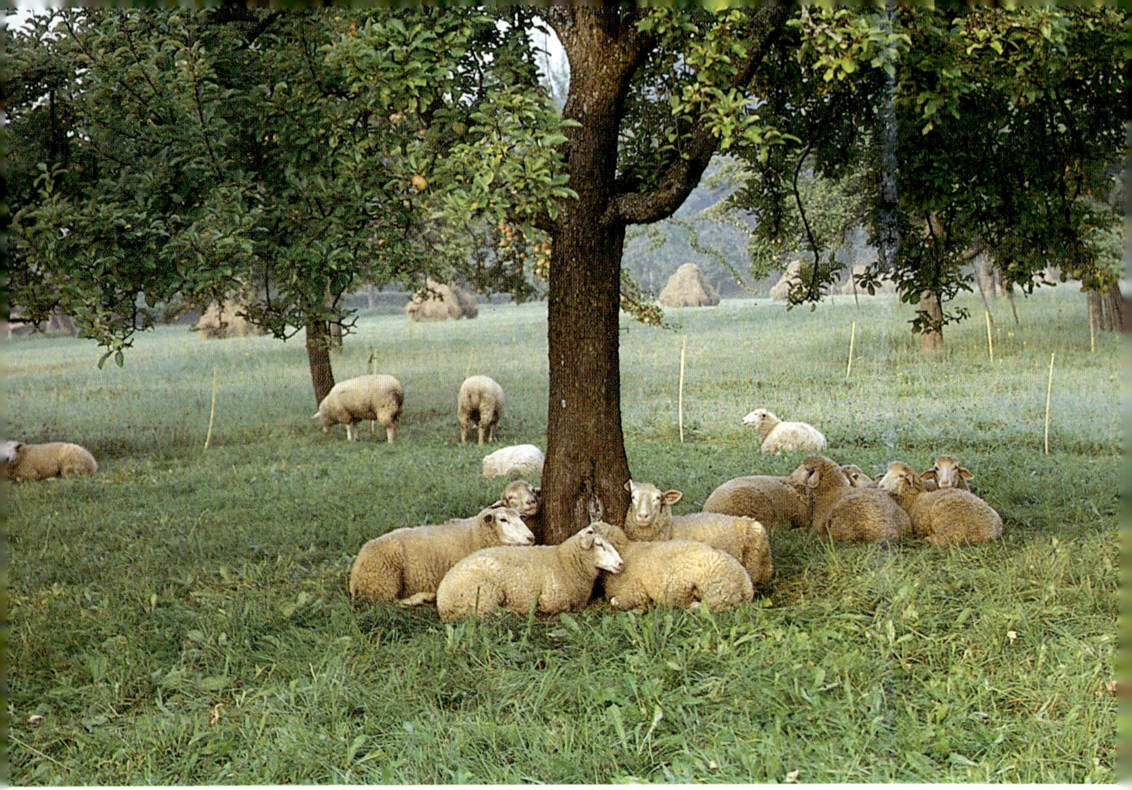

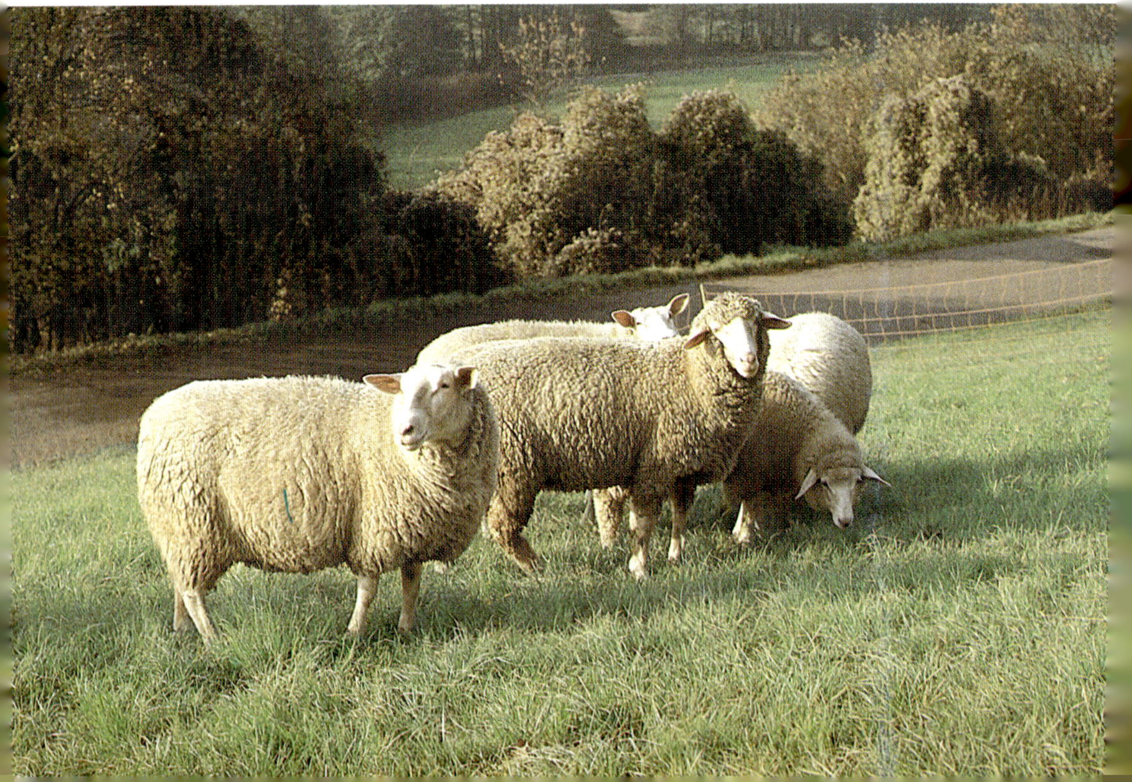

Temperatur der Badelösung

Für die Wirksamkeit der heutigen Mittel ist ein Anwärmen der Badelösung nicht notwendig. Als Grundsatz gilt, daß zwischen Badelösungstemperatur und Lufttemperatur der Unterschied nicht zu groß sein sollte. Wenn in Eigenregie gebadet wird, ist auf eine unschädliche Beseitigung der Restbadeflüssigkeit zu achten. Alle Bademittel sind hoch fischgiftig.

Deshalb ist ein Badeplatz immer weitab von Kanalisation und Fischwasser auszuwählen. Restbadewasser großflächig auf einer Wiese oder auf einem Acker ausbringen.

Klauenerkrankungen

Klauenerkrankungen stellen in vielen Schafhaltungen ein großes Problem dar. Die Moderhinke oder Krümme ist auch unter anderen regionalen Bezeichnungen bekannt.

Seite 92:
Schafe ruhen sich gerne unter Obstbäumen aus, wo sie auch vor Wetterunbilden Schutz finden. Portionsweide und Mähzwischennutzung werden hier demonstriert.
Die Haltung von Schafen im Elektrozaun an verkehrsreichen Straßen ist nicht empfehlenswert, da das Schadensrisiko beim Ausbrechen weitaus höher ist.

Warum ist die Moderhinke in Schafhalterkreisen so gefürchtet?

Haupterreger dieser Krankheit ist ein Bakterium, das nur in der Schafklaue vorkommt, sich unter dem Horn ausbreitet, dieses dabei unterminiert, ablöst, verformt und schmerzhafte Entzündungen hervorruft. Außerhalb der Schafklaue überlebt es höchstens 14 Tage. Erkrankte Tiere verbreiten die Erreger auf den Weiden und Triebwegen, so daß innerhalb weniger Tage ein großer Teil des Bestandes infiziert werden kann. Umweltbedingungen spielen bei der Verbreitung dieser Krankheit eine große Rolle: bei nassem Wetter verbreitet sich die Krankheit besonders schnell; Nässe und morastiger Untergrund reizen die Haut im Zehenbereich, sie ist vorgeschädigt und das Klauenhorn aufgeweicht. Unzureichende Klauenpflege begünstigt das Auftreten dieser Krankheit entscheidend. Besondere Gefahr entsteht auch durch Zukauf von Tieren oder durch Pensionsvieh.

Wie zeigt sich die Moderhinke in einem Bestand?

Hinkende Schafe können ein erster Hinweis sein.
Deshalb solche Tiere sofort untersuchen.
Ein hinkendes Schaf muß jedoch nicht immer an Moderhinke leiden. Es kann sein, daß sich im Zwischenklauenspalt ein Erdklumpen (Speitel) oder in die

Sorgfältiges Begießen der Schafe mit einer Gießkanne ist die einfachste Form, Schafe zu baden. Besprühen mit einer Spritze ist wirkungsvoller.

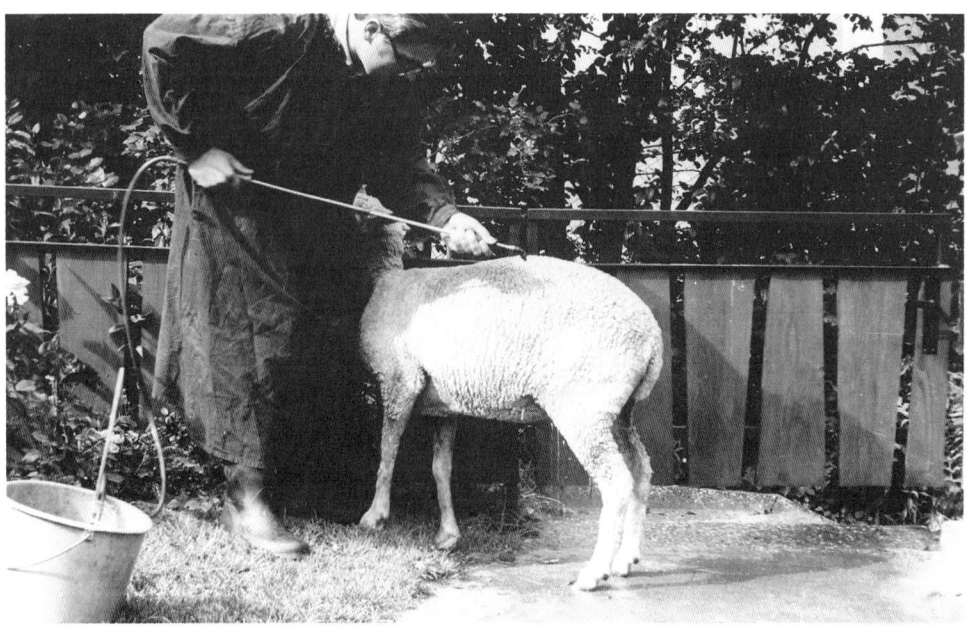

Klaue ein Dorn oder Stein eingedrückt hat. Nach dessen Entfernung und einem passablen Klauenschnitt ist der Schaden schnell behoben. Ein hinkendes Schaf kann auch auf eine Euterentzündung hinweisen, weil es auf der Seite der geschwollenen Hälfte das Bein nachzieht.

Bei Moderhinke ist die Haut des Zwischenklauenspaltes nicht rosa sondern gräulich gefärbt. Ein weiterer Hinweis ist der übelriechende Geruch, der von einer erkrankten Klaue ausgeht. Drückt man auf die Klaue, tritt eine schmierige Flüssigkeit aus.

Am wirkungsvollsten ist das Tauchbad.

Behandlung bei Moderhinke

Ausschneiden! Restloses Abtragen des unterminierten, losgelösten Hornes. Eine radikale, nicht brutale Beseitigung ist nur bei gekonnter Schnittechnik erfolgreich. Es ist in fortgeschrittenen Fällen manchmal unvermeidlich, daß dabei Blut fließt, wenn alle erkrankten Klauenteile beseitigt werden. Dann ist unter Umständen ein luftdurchlässiger Verband erforderlich, obwohl Licht und Luft für die Heilung grundsätzlich günstiger sind.

Besser einmal ein richtiger Schnitt, als viele unzureichende Klauenschnitte. Nach dem Klauenschnitt wird entweder ein Blauspray oder eine Kupfervitriolsalbe aufgebracht.

Hinweise

– Nach Möglichkeit kranke Tiere getrennt aufstallen.
– Behandelte Tiere in kurzen Abständen kontrollieren, nachschneiden
– Klauendesinfektion durchführen.
– Nasse, morastige Triebwege nicht mehr benutzen.
– Verseuchte Koppel mindestens drei bis vier Wochen nicht benutzen.
– Jeden Tag erregerfreie Weideparzellen zuteilen.

Wie kann man einer Bestandinfektion vorbeugen?

Vorsicht beim Zukauf von Tieren. Ein krankes Tier kann den ganzen Bestand infizieren.

Deshalb:
- Beim Schafkauf Klauenschnitt und Desinfektion auf dem Betrieb des Verkäufers
- 14 Tage Quarantäne im Stall oder auf der Koppel für die zugekauften Tiere. Dabei laufend Klauenkontrolle und Desinfektion im Durchlaufbekken durchführen.

Routinemäßige Klauenpflege auch ohne Moderhinke

Vor allem Koppelschafe haben eine sehr geringe Klauenabnutzung. Deshalb sollten in einer Koppelhaltung mindestens jeweils vor Weideaustrieb und Aufstallung allen Schafen (auch Lämmern) die Klauen geschnitten werden.

Man spricht bei der Moderhinke auch von einer »Schäferkrankheit«, deren Auftreten vom Fleiß des Schäfers bei der Klauenpflege abhängt.

Es gibt heute auch Impfstoffe gegen Moderhinke. Sie können jedoch eine fachgerechte Klauenpflege keinesfalls ersetzen. Grundlage der Bekämpfung ist das scharfe Messer, und konsequentes Durchhalten bis zum Erfolg.

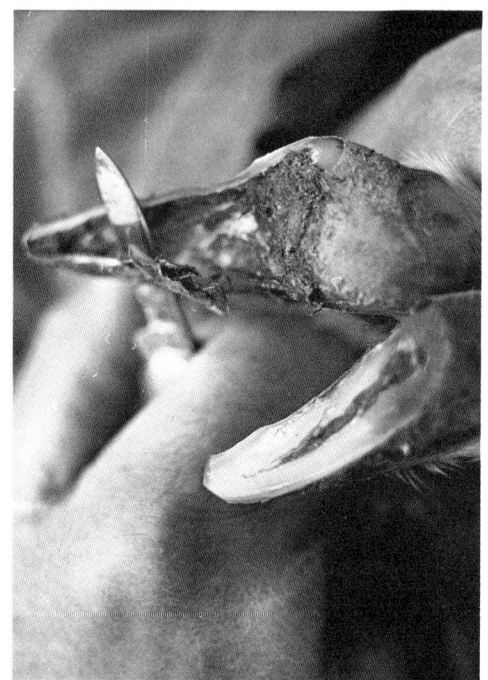

Mit einem feinen, scharfen Messer werden die Klauen vorsichtig geschnitten.

Weitere Erkrankungen

Breinierenkrankheit

An Breinierenkrankheit verenden oft die schönsten Lämmer innerhalb weniger Stunden. Sie wird von den Giften

Schlechter Stand vor der Klauenpflege.

96

Ein Behandlungswagen erleichtert die Arbeit.

Auf gepflegten Klauen geht es sich leichter.

einer Bakterienart verursacht, die normalerweise zu den harmlosen Darmbewohnern zählt. Ihre Giftigkeit entwickelt sie bei allzu üppiger Ernährung (viel Milch und mastige Weiden). Der Name rührt daher, daß sich bei der Sektion die Nieren breiig erweisen.

Behandlung: nicht möglich

Vorbeugung: Impfen der Lämmer im Alter von vier bis sechs Wochen mit einem kombinierten Breinieren- und Wundstarrkrampf-Impfstoff. Eine Impfung der trächtigen Mutterschafe ist ebenfalls möglich.

Euterentzündung

Durch Verletzungen oder ohne sichtbare Veränderungen über den Strichkanal oder vom Darm her über die Blutbahn kommen die verschiedenen Erreger in das Euter und führen dort zu Entzündungen und zu Sekretionsstörungen. Die Erreger werden auch von Fliegen oder »Räuberlämmern« verbreitet. Räuberlämmer versuchen meist bei der Fütterung der Altschafe von fremden Müttern Milch zu saugen und können so Krankheitskeime verteilen. Neu erkrankte Schafe hinken in der Hinterhand und lassen die Lämmer nicht mehr saugen. Die befallene Euterhälfte ist vergrößert, heiß, rot und bei den hochgradigen Verlaufsformen schließlich blaurot. Das Milchsekret ist mehr oder weniger verändert, manchmal mit Eiterflocken und zum Teil mit Blut vermischt. Nicht selten führt die Erkrankung zum Tode oder es kommt

97

zur Ausbildung des sogenannten Stein-euters.

Behandlung: Sofort handeln. Den Tier-arzt zuziehen, der Antibiotika durch direktes Einbringen über den Strichka-nal verabreicht. Nach einem Tag so oft wie möglich ausmelken.

Zusätzlich durchblutungsfördernde Salben auftragen und schonend ein-massieren. Absperren der Schafe und ihrer Lämmer vom übrigen Bestand.

Vorbeugung: Nicht in die Streu mel-ken. Euterkontrolle. Ausreichend Raum für die säugenden Schafe zur Verfügung stellen. Branntkalk auf die Streu geben zur Desinfektion.

Lippengrind

Lippengrind ist eine Viruserkrankung mit unterschiedlich gefährlichen Ver-laufsformen. Erkennungszeichen ist die Krustenbildung an den Lippen. Saug-lämmer übertragen den Virus auch zum Euter. Die Freßlust und die Saugfähigkeit wird durch die schmerz-hafte Erkrankung stark herabgesetzt.

Bei Lippengrind ist der Tierarzt zuzuziehen.

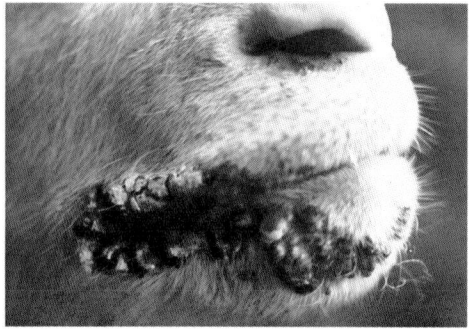

Behandlung: Einreiben der Krusten mit Socatylpaste. Sind die Tiere wieder gesund, haben sie meist eine Immuni-tät für mehrere Jahre. Vorsichtshalber sollte kurz vor der Lammung kein fremdes Tier zugekauft werden. Eine Erkrankung des Bestandes ohne Saug-lämmer ist weniger problematisch.

Arzneimittelgesetz und Tierhalter

Die Abgabe von Arzneimitteln an Tierhalter ist im Arzneimittelgesetz geregelt. Dabei geht es vornehmlich um die Verhinderung des Arzneimittel-mißbrauchs bei der Produktion von Lebensmitteln, in diesem Fall um Lammfleisch. In diesem Zusammen-hang ist der Schafhalter nach Medika-mentenbezug verpflichtet, durch Rech-nungen und Lieferscheine Nachweis zu führen (drei Jahre zurück), woher Medikamente bezogen und wie sie verwendet wurden.

Wo bekommt man Medikamente?

Frei verkäufliche oder apothekenpflich-tige Medikamente sind in der Apo-theke erhältlich. Verschreibungspflich-tige Medikamente sind nur über den Tierarzt zu bekommen.

Was ist die sogenannte Wartefrist?

Jedes Medikament hat eine Wartefrist zwischen Anwendung des Medika-

Dieses Schaf trauert, die Hungergrube ist eingefallen. Der Blick ist teilnahmslos.

ments und dem frühestmöglichen Zeitpunkt der Schlachtung oder Milchgewinnung.

Beträgt z. B. die Wartefrist bei einem Medikament 14 Tage, darf ein damit behandeltes Tier erst nach dieser Wartefrist geschlachtet werden.

Nur bei genauer Beachtung der Wartefristen ist eine Gewähr für rückstandsfreie Lebensmittel möglich.

Wie sind kranke von gesunden Tieren zu unterscheiden?

Beobachtet ein Schafhalter seine Tiere regelmäßig, so sieht er sehr bald Abweichungen in Verhalten, Futterauf-nahme, Wiederkäuen, Atmung, Körperhaltung, Bewegung, Kot- und Harnabsatz sowie der Wollbeschaffenheit und kann auf eine Erkrankung schließen.

Fällt ein Tier durch ungewöhnliches Verhalten auf, wird es eingefangen und näher untersucht. Die Messung der Körpertemperatur ist eine wichtige Hilfe bei der Diagnose. Hierfür eignet sich ein normales Thermometer aus der Hausapotheke.

Temperaturen von etwa 40 °C beim Lamm und 38,5 bis 39,5 °C beim Schaf sind normale Werte. Darüberliegende Werte können als Fieber bezeichnet werden.

Weiter gibt die Farbe der Mundschleimhäute und der Lidbindehäute Hinweise auf die Art der Erkrankung. Gesunde Tiere haben eine rosafarbene, gut durchblutete Mundschleimhaut.

Eine genaue Diagnose kann jedoch nur vom Tierarzt gestellt werden.

Wie beseitigt man ein totes Schaf?

Es kann trotz aller Vorsorge immer wieder vorkommen, daß ein Lamm oder auch ein erwachsenes Schaf verendet.

Früher hat man in einem solchen Fall den Kadaver durch Vergraben im Erdreich beseitigt.

Heute bestehen in allen Bundesländern Tierkörperbeseitigungsanstalten, die tote Haustiere zu Tiermehl verarbeiten. Diese Organisationen besitzen für den Transport der toten Tiere einen speziellen Fuhrpark, der auch in der Lage ist, Tierkadaver überall abzuholen, und zwar in den meisten Fällen kostenlos. Man kann ein totes Schaf unter Umständen auch zu einem Schlachthof oder einer Schlächterei bringen, wo solche Abfälle regelmäßig abgeholt werden.

Ist die Todesursache keine ansteckende Krankheit gewesen, wäre die Verwertung als Hundefutter denkbar, wenn das Fleisch vor dem Verfüttern abgekocht wird. Aus Gründen der Seuchenhygiene und der Grundwasserverschmutzung sollten heute keine Kadaver mehr vergraben, sondern den Tierkörperbeseitigungsanstalten zugeführt werden.

In Zweifelsfällen ist die Einsendung an ein Untersuchungsamt, zur Abklärung der Krankheit bzw. der Todesursache vorzuziehen.

100

Schafställe

Ansprüche der Schafe an die Umwelt

Könnten Schafe zwischen einem Aufenthalt im Freien oder im Stall wählen, würde man die landläufigen Vorstellungen über die angeblich so unempfindlichen Schafe ändern müssen.

Schafe ziehen sich z. B. bei naßkaltem oder heißem Wetter gerne in einen Stall mit entsprechendem trockenen Klima zurück. Auch bei starken Regenfällen oder in der Mittagshitze bevorzugen Schafe den Aufenthalt in einem Stall oder Unterstand.

Trotzdem können Schafe auch unter ungünstigen Klimabedingungen gehalten werden. Dank einer guten Wärmeregulierung, durch Hecheln und Schwitzen bei Hitze und Zittern und Zusammenrücken bei Kälte, werden sie auch mit extremen Witterungsverhältnissen fertig – auch nicht zuletzt wegen ihres dichten Wollvlieses.

Stehen Schafe in Wind und Regen, benötigen sie zur Aufrechterhaltung ihres Stoffwechsels 50 bis 100 % mehr Futter als unter Normalbedingungen. Dies muß man besonders bei Schafen mit noch kurzem Vlies beachten und sie deshalb bei Kälte nicht unnötig auf der Weide lassen. Das dichte Vlies schützt die Schafe von Natur aus vor Kälte. Bei feinem Wollhaar ist die Isolierwirkung höher als bei grobwolligem Haar. Diese Isolierung führt aber auch im umgekehrten Fall bei hohen Temperaturen zu einem Wärmestau.

Da bei der Rauhfutterverdauung sehr viel Wärme im Körper anfällt, sinkt bei übermäßigen Temperaturen sofort die Futteraufnahme. Andererseits werden die Lämmer häufig gerade vor Beginn der Mast geschoren, um auf diese Weise eine höhere Futteraufnahme zu erreichen. Besonders Lämmer leiden bei großer Kälte oder Hitze mangels dichtem Vlies und Fettauflage.

Deshalb darf der Schafhalter nie seine eigenen Wärme- bzw. Kälteempfindungen im Sinne einer Wohnzimmertemperatur auf die Schafe übertragen und etwa im Winter die Stallfenster ganz schließen. Das dabei entstehende feuchtwarme Klima ist für die Schafe eine Qual.

Schafe wünschen sich einen Stall, der
- eine Stalltemperatur zwischen 0 bis 20 °C ermöglicht,
- hell und trocken,
- staubfrei,
- fast geruchlos und
- zugfrei, aber doch luftig ist.

Ein einfacher Weide-
unterstand, der bei
entsprechender
Verkleidung auch als
Winterstall dienen
könnte.
Ein primitiver Offen-
stall, der jedoch nur an
einer Seite geöffnet
sein darf, denn
Durchzug schadet den
Tieren.
Heute kommt häufig
auch ein Folienstall
zum Einsatz. Der
Raum kann ganz nach
Bedarf aufgeteilt
werden und ist auch
für die Lagerung des
Futters bestens
geeignet.
Fahrbare Ställe sind für
Kleinhaltung oft eine
flexible Lösung.

Fällt der Lammzeitpunkt nicht in das Winterhalbjahr, können Schafe in gemäßigten Klimazonen (unter 400 m) auch ohne Stall überwintern. Ist eine gute Fütterung gewährleistet und stehen Hecken und Bäume als Windschutz und einfache Weidenunterstände, z.B. aus stabiler Folie, zur Verfügung, leiden die Schafe keine Not. Allerdings sollten nur Schafe mit dichtem Vlies und bewolltem Bauch so untergebracht werden.

Besser ist es, wenn ein alter Schuppen oder ein ähnliches Gebäude für die Winterunterbringung vorhanden ist.

Stallbau

Will ein Schafhalter einen Schafstall erstellen, sollte er sich erst überlegen, ob vorhandene Baulichkeiten, z.B. ein Kuhstall oder ein Schuppen zu einem funktionstüchtigen Stall umgebaut werden könnten. Solche Lösungen sind fast immer billiger und mit weniger Baugenehmigungsproblemen behaftet als ein Neubau. Ist ein Neubau unumgänglich, sind sehr viele wichtige Vorüberlegungen für ein so teures Vorhaben nötig.

Eine zweckmäßige und fachgerechte Planung und die Art der Bauausführung kann man sich nicht lange genug überlegen. Darüberhinaus ist es vorteilhaft, wenn Meinungen von anderen Schafhaltern und deren Erfahrungen berücksichtigt werden. Eine Stallbauberatung vom zuständigen Landes-

schafzuchtverband ist in jedem Falle empfehlenswert.

Standort

Normalerweise werden Schafställe in der Nähe der Schafweiden erstellt. Ein Winterstall wäre an einem in der Nähe der Wohnung gelegenen Standort aber möglicherweise günstiger.

Außerhalb von Ortschaften ist für den Bau von Gebäuden eine Ausnahmegenehmigung nach §35 Bundesbaugesetz notwendig. Diese Genehmigung wird normalerweise nur haupt- und nebenberuflichen Landwirten und Schafhaltern erteilt.

Bauvoranfrage

Eine Bauvoranfrage wird heute von mehr als 50 Gesetzen und Verordnungen berührt und manchmal auch erschwert. Vorab empfiehlt es sich, zuerst eine Bauvoranfrage mit Lageplan und einer einfachen Planskizze des vorgesehenen Stalls beim zuständigen Bauamt einzureichen. Wird die Bauvoranfrage abgelehnt, hat man noch relativ wenig Planungskosten investiert. Wird sie positiv beschieden oder aber noch mit gewissen Auflagen verbunden, kann ein Architekt mit der endgültigen Planung einschließlich Einreichen des Baugesuchs beauftragt werden.

Mit dem Architekten wird nun jede Einzelheit des geplanten Projekts durchgesprochen.

104

Eine räumliche Trennung vom Stall- und Bergeraum wirkt sich auf das Stallklima positiv aus.

Auf dem Bild: Blick vom Bergeraum (sauber und trocken) in den Stall. Erkennbar ist das Futterband.

Raumbedarf

Für ein Mutterschaf mit Nachzucht wird in Beständen bis zu dreißig Schafen eine Grundfläche von etwa 4 bis 5 m² benötigt. In diesem Wert ist bereits die Fläche für den Futterbergeraum, für Fütterungseinrichtungen sowie die Futtergänge enthalten. Dabei ist zu berücksichtigen, ob eine deckenlastige oder erdlastige Futterlagerung angestrebt wird.

Für die Stallaufteilung gibt es verschiedene Möglichkeiten. Arbeitserleichterung und optimale Platzausnützung sollten bei der Planung im Vordergrund stehen. Auch die Entfernung zwischen Bergeraum und Futterkrippe sollte nicht zu groß sein, um die täglichen Routinearbeiten zu verkürzen.

Bei jeder Raumaufteilung muß vorrangig beachtet werden, daß die Fütterungseinrichtungen von einem Futtergang außerhalb des Stallraumes beschickt werden können. So ist es möglich, gelegentlich auch im »Sonntagsanzug« zu füttern.

Im Stall selbst ist eine feste Einteilung durch massive Einbauten nicht sinnvoll. Je nach Bedarf kann die Raumaufteilung mit einfachen Hürden (1 m hoch) zweckmäßig gestaltet werden.

105

Musterbeispiele für einen Schafstall mit 10 Mutterschafen

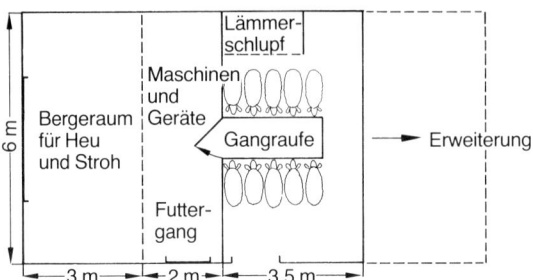

Erweiterungsfähiger Neubau. Stallraum vom Bergeraum getrennt. Grundfläche 51 m². Grundriß und Außenansicht.

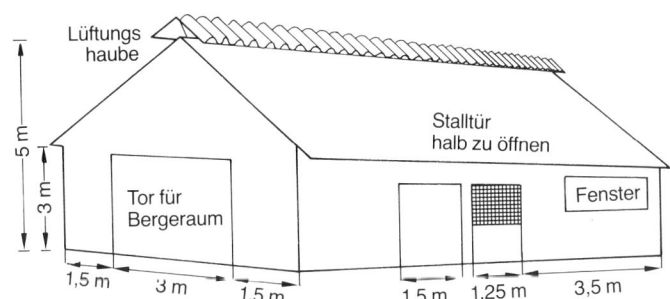

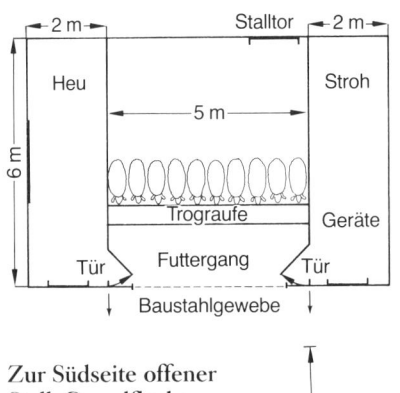

Zur Südseite offener Stall. Grundfläche 54 m². Grundriß und Außenansicht. Front mit Baustahlgewebe.

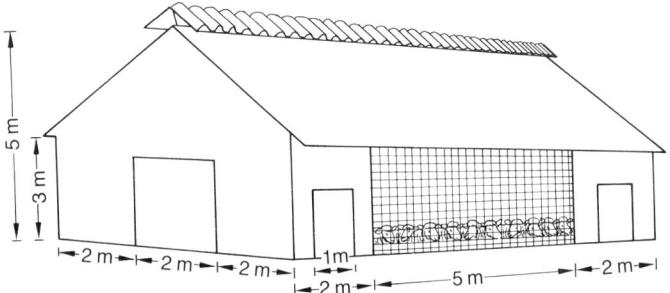

106

Lüftung im Schafstall (Schwerkraftlüftung)

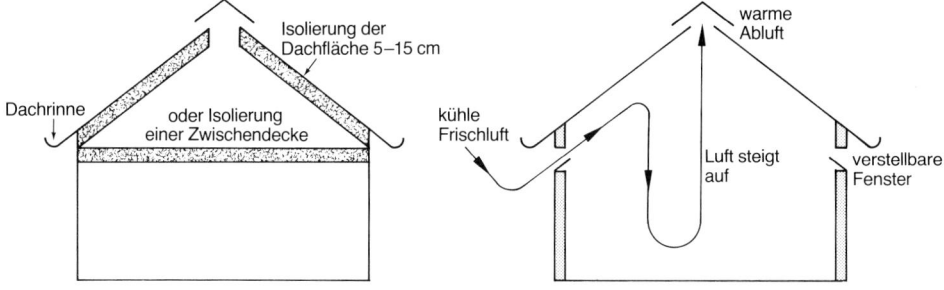

Durch gute Isolierung ist die Bildung von Schwitzwasser zu vermeiden.

Durch hoch unter dem Dach gelegene Fenster tritt kühle Frischluft ein und fällt im Stallraum nach unten. Warme Ammoniak-haltige Luft steigt auf und entweicht durch den Abluftkamin.

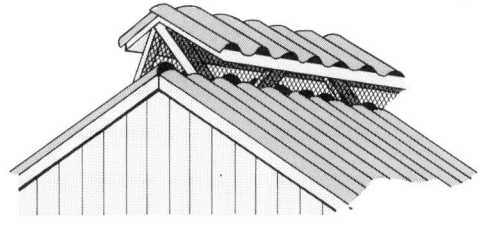

Firstentlüftung. Maschendraht verhindert das Eindringen von Vögeln in den Stall.

mit der Raum möglichst gut ausgenutzt wird. Ausgehend von einer Freßplatzbreite von 0,4 m steht z.B. bei 4 m Buchtentiefe theoretisch eine Liegefläche je Tier von 1,6 m² zur Verfügung.

Weitere Bedarfswerte

Als *Freßplatzbreite* (Troglänge) sollte je Mutterschaf etwa 0,40 m, je Lamm (bis zu zehn Wochen alt) 0,20 m vorhanden sein.
Der *Liegeplatzbedarf* schwankt von 1,5 bis 2,0 m² je Mutterschaf entsprechend der Raumaufteilung.
Freßplatzbreite und Liegeplatzbedarf sollten in einem bestimmten Verhältnis dem sogenannten Liegeplatz–Freßplatzverhältnis, zueinander stehen, da-

Luftraumbedarf

Der Luftraum im Stall sollte mindestens 4 bis 5 m³ je Schaf betragen, bei einem hohen Frischluftaustausch. Bei geringerem Luftumsatz steigt der Keim-, Staub- und Geruchsanteil der Stalluft an; der Sauerstoffgehalt fällt dabei ab. Schlechte Stalluft ist für die Gesundheit der Tiere nachteilig. Bei einer Raumhöhe von 3 m und einem Liegeplatz von 1,6 m² sind die Anforderungen an den Luftraumbedarf erfüllt.

107

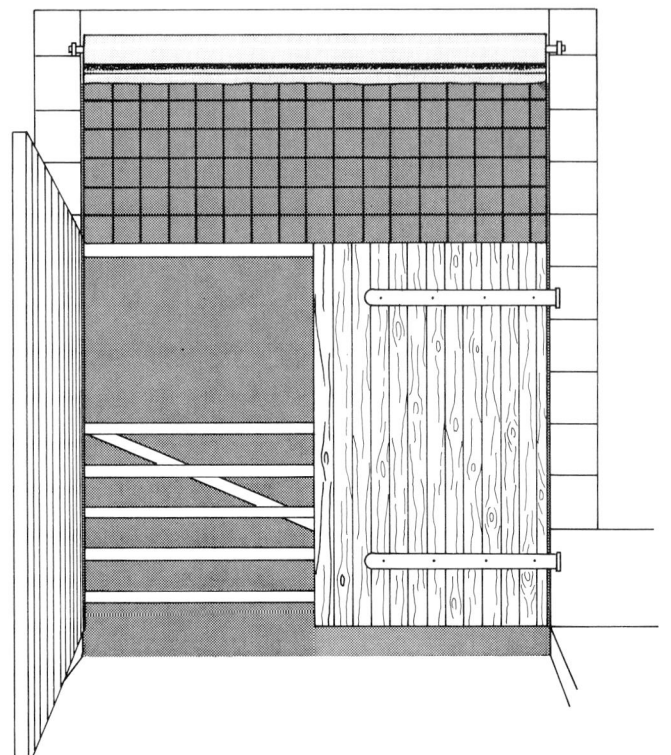

Praktisches Stalltor, das allen Anforderungen gerecht wird. Das Tor ist außen angeschlagen. So kann es im Notfall trotz Gegendruck der Schafe geöffnet werden. Mit der vorgeschobenen Hürde ist das Tor zu öffnen, ohne daß die Schafe den Stall verlassen können. Das Maschengitter ist ein Schutz gegen Raubwild und Hunde. Die Folienrolle schützt gegen extreme Kälte und Regen.

Anforderungen an die Bauhülle

Dach: Für die Dacheindeckung können Ziegel (etwas teuer) oder Wellplatten Verwendung finden. Lichtplatten gehören wegen der häufigen Schwitzwasserbildung auf kein Schafstalldach.

Stallwände: Die Wände können wie auch der Dachstuhl aus Holz gefertigt sein. Mauerwerk aus verschiedenen Steinarten ist geeignet. Die Entscheidung für Holz oder Mauerwerk, orientiert sich am Maß der möglichen Eigenleistungen zur Senkung der Baukosten.

Stallboden: In der Regel ist der Naturboden der geeignetste Stallboden. Es gibt aber bau- bzw. wasserrechtliche Auflagen zu einer Ausführung des Bodens in Beton oder gestampftem Lehm.

Schafmist (Tiefstreu) ist trocken und gibt keine Jauche ab, so daß keine entsprechenden Rinnen nötig sind.

Auch ein *Spaltenboden* aus Holz ist möglich, wenn der Stall klimatisiert ist, denn Kälte und Zugluft im Liegebereich ist zu vermeiden. Die Tiere liegen hier nicht auf einer warmen Streu, sondern auf einem Lattenrost, der aus 38 mm breiten Holzlatten im Abstand von 16 mm zusammengenagelt wird. Der Kot fällt durch die Spalten. Es ist keine Einstreu notwendig. Für einen Daueraufenthalt von Zuchtschafen und Junglämmern ist diese Aufstallungsart aber nicht geeignet, da es sonst vor allem bei den Jungtieren zu Fundamentschäden kommen kann.

Fensterfläche: Damit viel Licht einfallen kann, bringt man möglichst im oberen Bereich der Stallwand Fenster oder Lichtbänder aus Kunststoff an, deren Fläche etwa 20 % der Stallgrundfläche entsprechen sollten.

In neuen Schafställen wird mit Hilfe einer Schwerkraftlüftung die Frischluft über die Fenster zugeführt und die Abluft durch Firstentlüftungshauben abgeleitet.

Türen und Tore: In kleineren Ställen kann man Schiebe- und Flügeltore verwenden. Für den Notfall muß wenigstens ein großes Flügeltor, das sich nach außen öffnen läßt, eingebaut werden.

Baustoffe: Die Verwendung natürlicher Baustoffe wie Holz, Ziegel, bei möglichst wenig Beton kann gerade bei kleineren Schafställen besonders berücksichtigt werden. So haben z.B. Tonziegel einen positiven Einfluß auf das Stallklima, insbesondere auf die Vermeidung von Schwitzwasserbildung am Dach.

Fütterungseinrichtungen im Schafstall

Für kleinere Schafställe sind eigentlich nur drei Arten von Fütterungseinrichtungen für die Verfütterung von Rauh- und Kraftfutter empfehlenswert, die je nach Stallgrundriß und Möglichkeit des Eigenbaus zum Einsatz kommen. Die sogenannte *Skandinavische Trograufe* ist sehr einfach herzustellen und eignet sich für alle Futtermittel. Sie ist jedoch kaum als Raumteiler einzusetzen. Zum Befüllen muß fast immer der Stallraum betreten werden.

Wird über den Trog ein grobmaschiges Gitter (Baustahlgewebe) gelegt, wird die Heuverschwendung vermindert. Kleiner gebaut, eignet sich dieser Typ auch als einfacher Kraftfuttertrog.

Als guter Raumteiler läßt sich die *Heuraufe mit Trog* einsetzen. Von außen beschickbar ist sie für alle Futtermittel geeignet. Durch einen schrägen Unterboden erreichen Kraftfutter und auch »Heublumen« den Trog. Senkrechte Sprossen und Nackenbretter verhindert das Einfuttern der Wolle.

Die begehbare *Gangraufe* könnte man als »Futterband« für den kleineren Schafstall bezeichnen. Die Beschickung erfolgt von außen, wobei das Futter in der Raufe transportiert wird – eine Erleichterung beim Füttern. Die Stallabteilung in Gruppen, z.B. eine getrennte Fütterung von Schafen mit Einlingen und Zwillingen, ist sehr gut möglich.

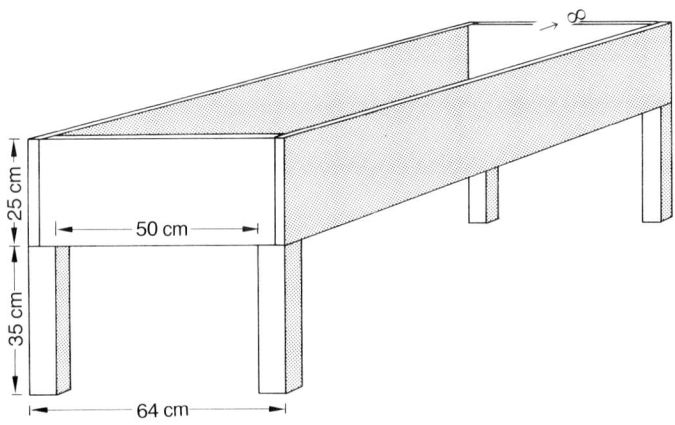

So sollte es an der Raufe nicht aussehen.
Mit einem Nackenbrett und einer Abdichtung
des Trogs nach unten, könnten die Tiere
ruhiger in einer Ebene fressen.

Skandinavische
Trograufe. Eine
einfache und billige
Konstruktion, die von
jedem Schafhalter
selbst hergestellt
werden kann.
4-Kanthölzer 6 × 6 cm,
Bretter 20–30 mm
stark.

25 cm

50 cm

35 cm

64 cm

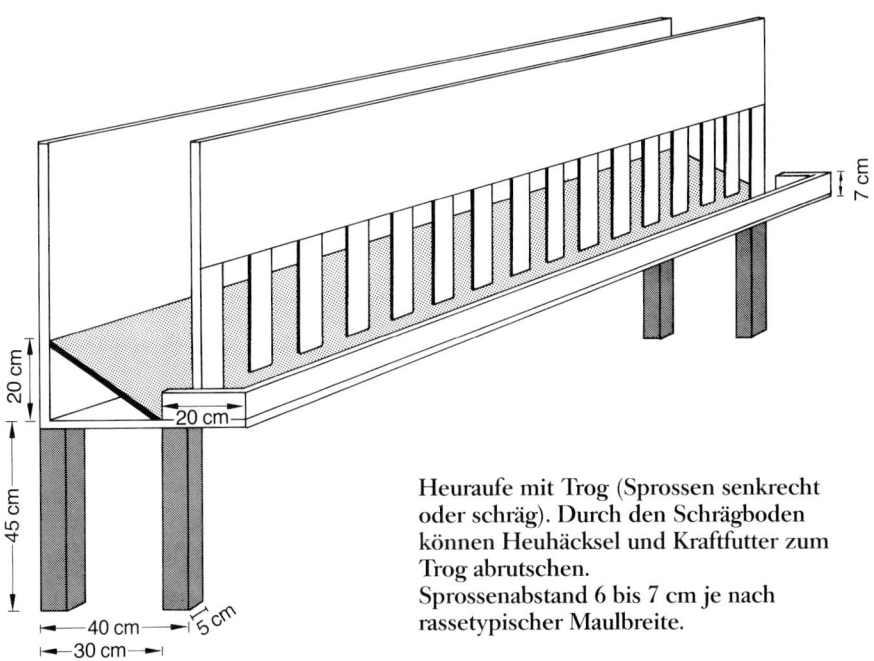

Heuraufe mit Trog (Sprossen senkrecht
oder schräg). Durch den Schrägboden
können Heuhäcksel und Kraftfutter zum
Trog abrutschen.
Sprossenabstand 6 bis 7 cm je nach
rassetypischer Maulbreite.

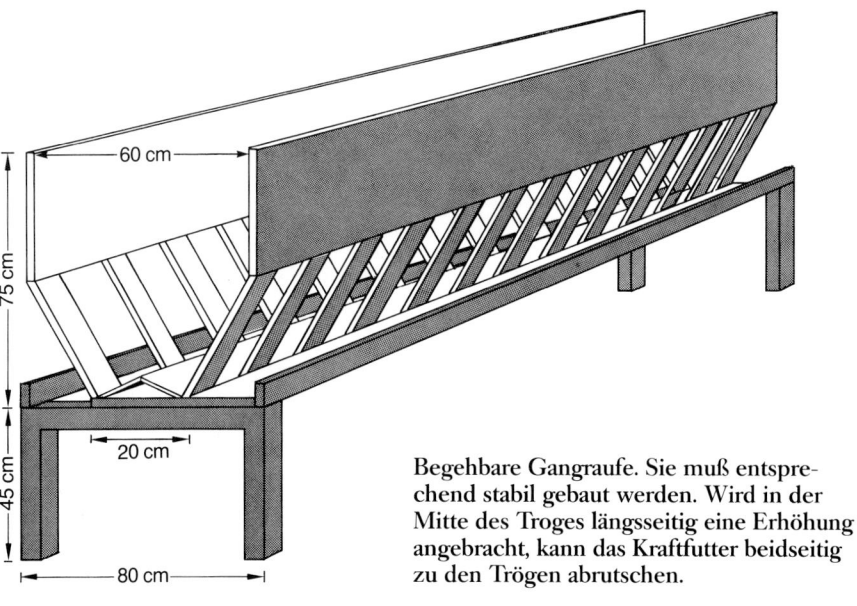

Begehbare Gangraufe. Sie muß entsprechend stabil gebaut werden. Wird in der
Mitte des Troges längsseitig eine Erhöhung
angebracht, kann das Kraftfutter beidseitig
zu den Trögen abrutschen.

111

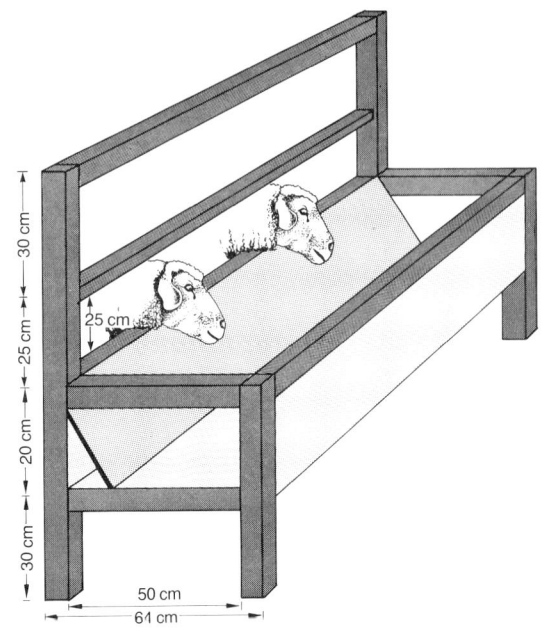

30 cm
25 cm
20 cm
30 cm
25 cm
50 cm
64 cm

Futtertrog mit Nackenriegel. Diese Raufe kann als Raumteiler für einen Futtergang verwendet werden. Die Fütterung ist so von außerhalb des Stallraumes möglich.

Ein einfacher Holztrog, der sich für die Verfütterung von Salz, Mineralstoffen oder Kraftfutter, auch auf der Weide, eignet.

Beim Bau von Fütterungseinrichtungen ist die Höhe des Troges sowohl von der Größe der Schafe als auch von der Höhe der Mistmatratze abhängig. Für die Breite des Troges spielt auch die Größe der eingesetzten Heuballen eine Rolle.

Weitere Stalleinrichtungen

Ablammbuchten

Für zehn Mutterschafe sind etwa zwei flexible oder festeingebaute Ablammbuchten mit einem Grundriß von 1 × 2 m zu veranschlagen. Die Buchten sollten leicht zugänglich und mit einer Heuraufe, einem Kraftfuttertrog und einem Wassereimer ausgestattet

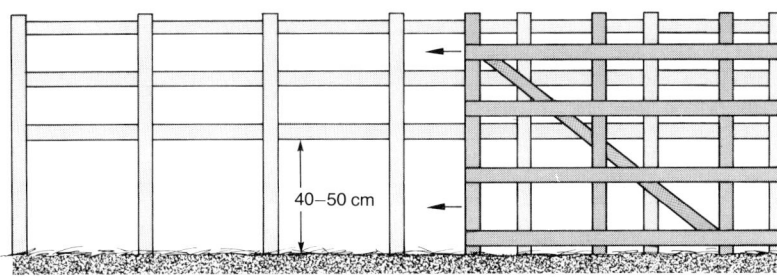

40–50 cm

Verschließbarer Lämmerschlupf. Wenn die Hürde vor die Öffnungen geschoben wird, können die Lämmer von den Mutterschafen abgesperrt werden.

sein. Die Abtrennungen können in Leichtbauweise aus Latten oder Metallstäben hergestellt sein. Vorteilhaft für die tägliche Arbeit wäre eine Tür, damit man die etwa 1 m hohe Bucht nicht übersteigen muß.

Lämmerschlupf

Wird den Lämmern ein eigener Raum im Stall neben den Mutterschafen abgeteilt, wird der Durchlaß so gebaut, daß er nur für die Lämmer benützbar ist. Für zehn bis zwanzig Lämmer sind ein bis zwei 20 bis 24 cm breite Durchschlupföffnungen nötig. Können die Öffnungen zusätzlich verschlossen werden, ist ein Absperren der Lämmer von den Müttern während der Futterzeiten möglich.

Melkstände

Melkstände erleichtern die tägliche Melkarbeit, da eine angenehme Melkposition und das Fixieren der Schafe möglich ist. Bei der Konstruktion der Melkstände bestehen Unterschiede, zwischen Handmelken und maschinellem Milchentzug.

Es gibt Einzel- und Gruppenmelkstände, bei denen immer eine Kraftfuttergabe möglich sein muß (siehe auch Kapitel Fütterung).

Ganzjährige Stallhaltung

Es gibt Gründe, die in manchem Betrieb eine Haltung der Schafe auch während des Sommers im Stall vorteilhaft erscheinen lassen.

Beschränkte Einzäunungsmöglichkeiten, Diebstahlgefahr, Risiko durch streunende Hunde, Weiden an verkehrsreichen Straßen und ähnliche Gründe sprechen für eine ganzjährige Stallhaltung. Dabei wird das Grünfutter nicht abgeweidet, sondern gemäht und im Stall verfüttert.

Bei Beachtung der Fütterungsgrundsätze und der Anforderungen der Schafe an das Stallklima ist dieses Haltungsverfahren als praktikabel an-

113

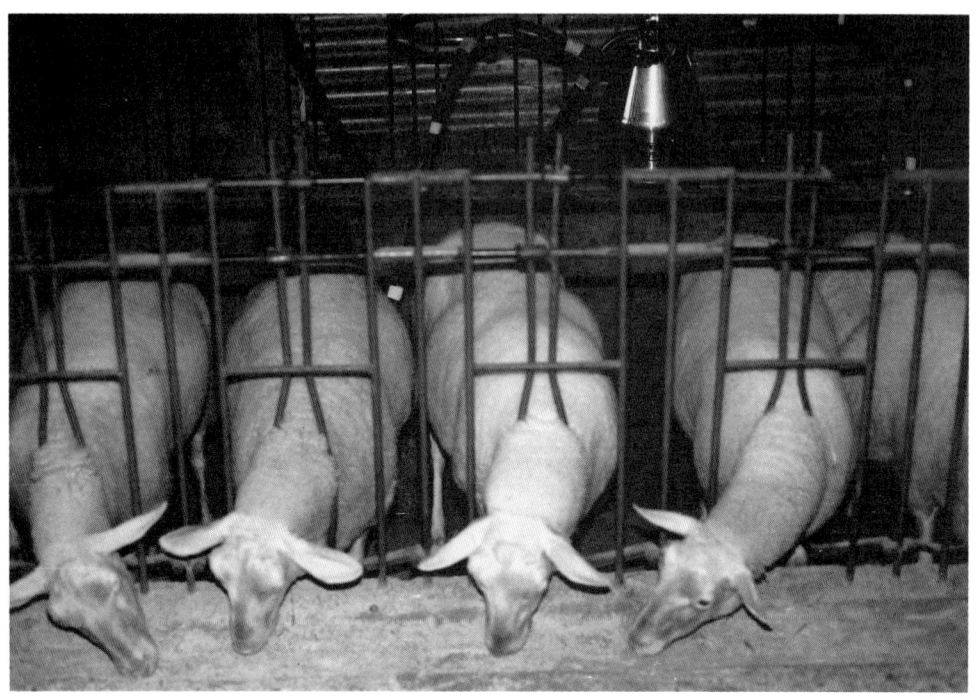

Eine Absperrvorrichtung im Melkstand stellt
die Schafe ruhig und ermöglicht eine
leistungsgerechte Fütterung.

zusehen. Für diese Haltungsform würde sich besonders das Milchschaf zur
Milcherzeugung oder Merino- und
Bergschafe zur ganzjährigen Lämmer-
erzeugung eignen.

Die Einstreu im Schafstall

Für das Wohlbefinden und die Gesundheit der Schafe ist bei der Stallhaltung
eine trockene, keimarme, saubere und
für die Wollqualität unschädliche Einstreu äußerst wichtig. Die gängigen

Einstreuarten eignen sich unterschiedlich gut für eine Einstreu im Schafstall.

Als normale Einstreumenge pro Tier
und Tag kann man 0,3 kg bis 1 kg
annehmen. Wasserreiche Futtermittel
erhöhen diesen Wert enorm. Man
sollte bei der Einstreumenge den
jeweiligen Zustand der Streu berücksichtigen und dementsprechend einstreuen. Bei Einstreuarten mit geringer
Saugfähigkeit muß mit höheren Ein-
streumengen kalkuliert werden.

Beim Einstreuen ist es wichtig, das

114

Einstreu im Schafstall

Weizen- und Haferstroh	Sehr gute Eigenschaften, beste Saugfähigkeit und gute Verträglichkeit.
Roggen- und Gerstenstroh	Gute Eigenschaften, jedoch mit einem hohen Grannenanteil und manchmal Pilzbefall.
Erbsen und Bohnenstroh	Gut für Einstreu geeignet, Schafe fressen vorhandene Blätter, aber geringe Saugfähigkeit.
Heu	Geringe Saugfähigkeit.
Torfmull	Gute Eigenschaften aber nur in Verbindung mit Stroh – zu teuer!
Sägemehl, Sägespäne	In Verbindung mit Stroh sehr gut geeignet. Vor allem am Anfang der Aufstallung auf einem Betonboden wirkt sich die gute Saugfähigkeit positiv aus.
Laub, Reisig	Ungeeignete Einstreu, nur für Notfälle.

In dieser Streu fühlen sich Schafe und Lämmer wohl.

Stroh in kleinen Mengen auf die Liegefläche zu verteilen. Schafe übernehmen im Gegensatz zu Schweinen keinerlei Verteilarbeit.

Kurzes Stroh, z. B. von Hochdruckballen, eignet sich besser als langes Stroh. Eine Strohmatratze kann mit der Zeit durch Nachgeburten, viele »blutige« Ablammungen, Kot und Krankheitserreger zu einer Infektionsquelle werden. Deshalb ist die Desinfektion der Einstreu ganz wichtig. Mit Branntkalk (CaO) kann eine Desinfektion durchgeführt und auftretende Nässe verhindert werden.

Superphosphat in der Einstreu vermeidet überflüssige Ammoniakbildung (NH_3) und somit den Stallgeruch. Superphosphat und CaO erhöhen den Nährstoffgehalt im Mist und verbessern seine Qualität als Düngemittel.

Je nach Feuchtigkeit der Streu rechnet man für zehn Schafe eine Literdose CaO und Superphosphat, die im Abstand von zwei Tagen auf der Einstreufläche verteilt werden.

Stallentmistung und Kompostierung

Ein Schafstall, der nur im Winterhalbjahr belegt ist, braucht nur einmal unmittelbar nach dem Frühjahrsaustrieb entmistet zu werden. Im Normalfall fällt je Mutterschaf 1 m³ Festmist je Winter an. Da Schafe den Mist sehr stark festtreten, ist das Ausmisten von Hand als eine harte Arbeit bekannt.

Nach dem Ausmisten empfiehlt sich eine Reinigung und Desinfektion des Stalles mit Kalkmilch oder anderen Desinfektionsmitteln.

Kompostierung von Schafmist

Frischer Schafmist läßt sich nur sehr schwer in kleine Stücke zerteilen und eignet sich deshalb auch nicht so gut für die sofortige Düngung. Eine Kompostierung von mindestens 6 Monaten erhöht den Düngewert und erleichtert die Bearbeitung des Mistes. Zur Kompostierung setzt man den Mist quaderförmig an einer schattigen Stelle auf und achtet darauf, daß die Oberfläche des Misthaufens möglichst klein bleibt und er nicht so schnell austrocknet.

Sofern vorhanden, kann man im Abstand von 40 bis 50 cm Erdschichten im Misthaufen einlagern. Die Abdeckung mit Erde, Stroh oder Laub oder die Bepflanzung mit bodendeckenden Pflanzen wie z. B. Kürbis, verhindert eine rasche Austrocknung des Mistes und somit auch einen übermäßigen Nährstoffverlust.

Schafmist ist bekannt für seinen relativ hohen Stickstoffgehalt und die schnelle Pflanzenverfügbarkeit seiner Nährstoffe.

100 kg frischer Schafmist enthalten im Durchschnitt:
30 kg organische Substanz
0,9 kg Stickstoff
0,3 kg Phosphor
0,7 kg Kali

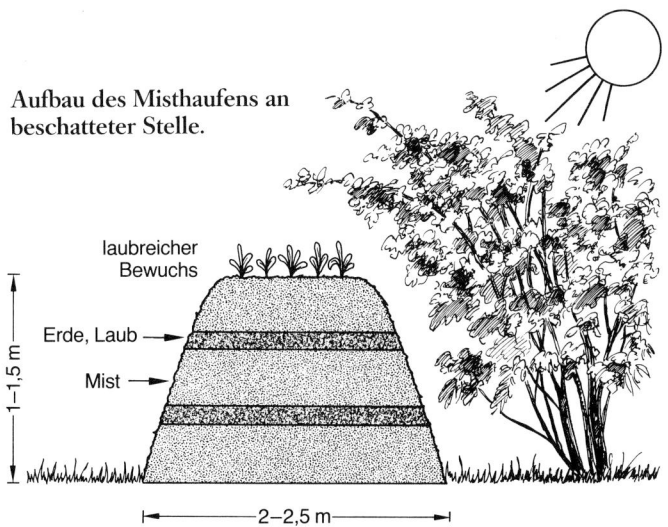

Aufbau des Misthaufens an beschatteter Stelle.

laubreicher Bewuchs

Erde, Laub

Mist

1–1,5 m

2–2,5 m

Der jährliche Festmistanfall eines Mutterschafes von etwa 1 m³ = 600 kg Mist bringt

5,4 kg N (Rein Stickstoff)
1,8 kg P (Rein Phosphor)
4,2 kg K (Rein Kali)
180 kg organische Substanz

Wollte man den Wert dieser Nährstoffe durch Handelsdünger ersetzen, müßten vier bis fünf Ballen Torfmull und 35 kg eines entsprechenden Mehrnährstoffdüngers zugekauft werden.

Schafmist ist kein Dünger für die Schafweide, es sei denn es wird nach der Düngung eine Mähnutzung durchgeführt. Schafe sind geruchsempfindlich und würden auf diese Weise gedüngte Weiden im Frühjahr kaum beweiden.

Die Fütterung der Schafe

Das Schaf ist ein Wiederkäuer

Schafe, Rinder und Ziegen sind Wiederkäuer, die ganz andere Anforderungen an das Futter stellen, als ein Schwein, ein Huhn oder gar ein Hund. Wiederkäuer haben ein besonderes Magensystem, bestehend aus vier Mägen. Dem eigentlichen Magen (Labmagen) sind drei Vormägen (Pansen, Netzmagen, Blättermagen) vorgeschaltet.

Durch dieses komplizierte System ist es dem Schaf möglich, auch rohfaser- und zellulosereiches Futter noch zu verwerten, insbesondere deshalb, weil fast der ganze Nahrungsbrei ein zweites Mal mechanisch mit den Zähnen wiedergekäut wird. Im größten Vormagen, dem Pansen, sind Millionen von kleinen Wimperntierchen vorhanden, die den Zelluloseabbau bewerkstelligen. Ein großer Teil dieser Mikroben wird im Labmagen verdaut. Deshalb kann man das Schaf auch als »Fleischfresser« bezeichnen, das mit etwa 700 g Mikroben pro Tag einen Teil seines Eiweißbedarfes durch den Verzehr von eigenen »Pansentieren« deckt. Da diese Tierchen auf chemische Veränderungen im Pansen sehr empfindlich reagieren, ist eine gleichmäßige, wiederkäuergerechte Fütterung der Schafe sehr wichtig.

Krasse Futterumstellung und zu hohe Kraftfuttergaben pro Mahlzeit dezimieren den Mikrobenbestand und beeinträchtigen den natürlichen Verdauungsablauf, was sich dann durch Verdauungsstörungen bemerkmar macht.

Futtermittel für Schafe

Einen Wiederkäuer wie das Schaf könnte man im Sommer ausschließlich mit Gras und im Winter mit Heu und etwas Hafer ernähren. Es gibt eine Reihe weiterer Futtermittel verschiedener Herkunft, die zum Teil billig sind, mit denen man die Fütterung der Schafe vielseitiger gestalten kann. So wären z. B. Obsttrester, überzähliges Obst, Eicheln, saubere Gartenabfälle mit Schafen zu höherwertigen Produkten zu veredeln. Auch ist der Anbau von Futterpflanzen wie Rüben und Ackerfutter eine weitere Variante in der Futterversorgung. In den meisten Fällen wird eine gut geführte Schafhaltung während der Säugezeit kaum

ohne Getreide bzw. Zukauf von Kraftfutter auskommen.

Werden die wichtigsten Futtermittel nach ihrer Herkunft geordnet, zeigt die Zusammenstellung, daß es eine große Vielfalt von Futtermitteln gibt, die sich sowohl im Preis wie in ihrer Eignung für die Schafe und in ihrem Nährstoffgehalt unterscheiden. Der Vollständigkeit halber sollen auch die beliebten Geranien genannt werden, die von den Schafen oft zum Leidwesen der Besitzer mit Vorliebe verzehrt werden.

Das Schaf – ein Nahrungskonkurrent des Menschen?

Es gibt Schafhalter, die an ihre Schafe kein Getreide zufüttern, sondern nur

Rüben, Obst und Obstreste sind schmackhafte Futtermittel, die die Schafe auch ganz, lieber aber in zerkleinerter Form fressen.

Die wichtigsten Futtermittel für Schafe

Absolutes Grünland	Ackerfutterbau	Zukaufsfuttermittel	Nebenprodukte
Weidegras	Gräser	Getreide	Obst
Heu	(z.b. Weidelgras)	*Sojaschrot*	Biertreber
Öhmd, Grummet	*Leguminosen*	Trockenschnitzel	Obsttrester
(Heu, zweiter Schnitt)	*(z.B. Klee)*	(Nebenprodukt aus	Gartenabfälle
	Zwischenfrüchte	der Rübenzucker-	Ausputz-
	(z.B. Raps,	fabrikation)	getreide
	Markstammkohl)	*Magermilch-*	Stroh
	Futterrüben	*pulver**	Eicheln
	Mais		Bucheckern
	Kartoffeln		

* Magermilchpulver nur für Lämmer
Futtermittel kursiv gedruckt sind besonders eiweißreich

119

Rauhfutter (wie z.B. Heu und Stroh), bzw. Gras einsetzen, mit der Begründung, daß Getreide eigentlich nur der Ernährung des Menschen vorbehalten sei. Schafe können ohne Kraftfutter durchaus leben, sie erbringen aber geringere Leistungen als bei optimaler Ernährung. Diese Tatsache wird dabei leider oft übersehen. Besonders gravierend wirkt sich dies bei der Nährstoffversorgung aus, wenn die Rauhfutterqualität zu wünschen übrig läßt.

Schafe sollen als Wiederkäuer möglichst hohe Rauhfuttergaben verwerten, sind aber z.B. während der Säugezeit mit Getreide als Leistungsfutter nicht so sehr zum Abbau der Körperreserven gezwungen. Unterernährte Schafe sind eine beschämende Angelegenheit für einen Schafhalter.

Gehaltswerte der Futtermittel für Wiederkäuer

Jedes Futtermittel hat in seiner Zusammensetzung und im Nährstoffgehalt gewisse Besonderheiten. Analog der in der menschlichen Ernährung eingesetzten Kalorientabelle gibt es Futterwerttabellen für Wiederkäuer, aus denen die entsprechenden Werte entnommen werden können wie

- Energie (Zucker, Stärke) gemessen in Stärkeeinheiten abgekürzt StE
- Eiweiß (Rohprotein) mit der Maßeinheit g RP (Gramm Rohprotein)

- Mineralstoffe, Spurenelemente und Vitamine sind weitere wichtige Inhaltsstoffe
- Der Trockensubstanzgehalt gibt das Gewicht des Futtermittels ohne Wassergehalt an und spielt bei der Futteraufnahme eine wichtige Rolle.

Ein Schaf kann pro Tag etwa 2 kg Trockensubstanz (TS) aufnehmen, etwa in Form von

10 kg Gras (20 % TS) = 2 kg TS oder 2,2 kg Heu (90 % TS) = 2 kg TS

Bei geringer Erfahrung ist eine genaue Bewertung der eigenen Futtermittel sehr schwierig. Zur Rationsgestaltung können Durchschnittswerte aus Futterwerttabellen wie z.B. aus dem jährlich erscheinenden Schäfereikalender entnommen werden.

Nährstoffbedarf von Schafen

Nicht jedes Schaf hat denselben Nährstoffbedarf. Alter, Gewicht, Leistung und Umwelt beeinflussen diesen Bedarfswert. So müssen die verschiedenen Ansprüche in der sogenannten leistungsgerechten Fütterung berücksichtigt werden, die mit einer einfachen Darstellung erklärt werden soll.

- Erhaltungsbedarf
  Nährstoffbedarf für den Ablauf der Lebensvorgänge (ohne Leistung wie z.B. Wachstum)

Nährstoffgehalt verschiedener Futtermittel (stark vereinfacht)

1 kg Futtermittel enthält im Durchschnitt:

FM	TS in g	g RP	StE
Wiesengras (Blüte)	200	30	120
Wiesenheu	900	70	300
Öhmd/Grummet	900	120	300
Rotkleeheu	900	120	330
Hafer	900	110	650
Gerste	900	100	720
Trockenschnitzel	900	100	700
Sojaschrot	900	450	700
Futterrüben	100	10	70
Obsttrester	200	–	100

Ein Mutterschaf (75 kg) braucht 80 g RP in 600 StE als Erhaltungsbedarf

Für weitergehende Leistungen müssen Zuschläge gegeben werden (Faustzahlen).

- Trächtigkeit (3.–5. Monat) + 80 g RP + 300 StE
- Säugeleistung je Lamm + 120 g RP + 400 StE
- Milchleistung je kg Milch + 80 g RP + 300 StE

Beispiel: (Schaf mit 2 Lämmern)

Erhaltung	80 g RP	600 StE
Säugeleistung für 2 Lämmer	240 g RP	800 StE
Gesamt	320 g RP	1400 StE
Eiw. StE-Verhältnis	1 :	4,4

Somit hätte ein 75 kg schweres Mutterschaf, das Zwillinge säugt, einen Gesamtbedarf je Tag von 320 g RP + 1400 StE.

Gestaltung von Tagesrationen für Schafe

Bei der Fütterung muß der jeweilige Nährstoffbedarf mit der entsprechenden Zuteilung der vorhandenen Futtermittel in Einklang gebracht werden. Je vielseitiger eine Ration ist, desto wertvoller ist sie für das Tier. Mögliche Fütterungsfehler kommen so nicht so schnell zum Tragen.

Ausgangspunkt ist die mögliche Trockensubstanzaufnahme, die bei einem Mutterschaf bei etwa 2 kg liegt. Mit der Futtermitteltabelle kann man so jede beliebige Ration errechnen.

Ration für ein leeres Schaf (Erhaltungsbedarf)

Futtermittel	TS	g RP	StE
1 kg Heu	900	70	300
3 kg Obsttrestersilage	600	0	300
0,2 kg Öhmd	180	24	60
Gehalt der Ration	1680 g	94 g	660 StE
Bedarf	1800 g	80 g	600 StE
Bilanz	− 120 g	+14 g	+ 60 StE

Weiderationen für ein Mutterschaf mit 2 Sauglämmern

Futtermittel	TS	g RP	StE
10 kg Weidegras (jung)	2000	300	1200
0,2 kg Trockenschnitzel	180	20	120
Gehalt der Ration	2180 g	320 g	1320 StE
Bedarf	2200 g	320 g	1400 StE
Bilanz	− 20 g	± 0 g	− 80 StE

Winterfutterration für ein Milchschaf mit einer Tagesleistung von 3 kg Milch oder ein säugendes Schaf mit Zwillingen

Futtermittel	TS	g RP	StE
1 kg Rotkleeheu (mindestens)	900	120	330
0,7 kg Gerste	630	70	500
0,3 kg Sojaschrot	270	135	210
0,2 kg Trockenschnitzel	180	20	120
2 kg Futterrüben	200	20	140
Gehalt der Rationen	2180 g	365 g	1300 StE
Bedarf	2200 g	320 g	1500 StE
Bilanz	− 20 g	+ 45 g	− 200

Die genannten Beispiele stammen aus der Praxis. Darüber hinaus gibt es noch eine Vielzahl leistungsgerechter Rationen.
Die 1. Ration ist ausreichend für den Erhaltungsbedarf. Etwa 3 kg Obsttrester können 1 kg Heu auf der Energieseite ersetzen.
Bei der Tagesration für ein leeres Schaf gibt es kaum Probleme. Es könnte sogar noch mehr Trockensubstanz aufgenommen werden.
Zur Ergänzung von eiweißreichen Weiderationen bieten sich energiereiche Trockenschnitzel oder Getreide an. Fast immer haben Weiderationen Eiweißüberschuß und Energiemangel. Durch entsprechende Zufütterung kann der Energiebedarf jedoch gedeckt werden.
Eine Ration für Höchstleistungen kann auf der Energieseite meist nicht ausgeglichen werden. Abbau von Körpersubstanz ist bei solchen Tieren üblich.

Fütterung der Lämmer

In einem kleinen Bestand dürfte eine Mast mit wenig Kraftfutter empfehlenswert sein, sofern im Sommer eine kostengünstige Weidemast möglich ist. Im Winter wird eine Lämmermast ohne Kraftfutterzugabe nur unterdurchschnittliche Tageszunahmen bringen. Zwischenwiegungen zeigen den Masterfolg auf.
Um die Jugendentwicklung der Lämmer, vor allem der Zwillingslämmer, zu fördern, hat sich ein frühzeitiges Anbieten von eiweißreichem Kraftfutter im Lämmerschlupf bewährt.
Ansonsten kann auf der Weide die tägliche Beifütterung von etwa 200 g Hafer die Nährstoffbilanz ausgleichen, die täglichen Gewichtszunahmen erhöhen und die Zutraulichkeit der Lämmer fördern. Hafer ist ein sehr gutes Kraftfutter für Lämmer. Die Menge der Beifütterung hängt auch von der Qualität der Weide, der Art der Verwertung und dem gewünschten Mastgewicht ab. Bei geringen Tageszunahmen brauchen die Lämmer zu lang bis sie herangewachsen sind.

Vom richtigen Füttern

Für eine ausschließliche Stallfütterung ist es empfehlenswert, zweimal täglich zu füttern. Bei nur einmaliger Heugabe wird meist viel Heu verschwendet, weil die Schafe frisches Futter einem bereits von Stall- und Atemluft der Stallgefährten beeinträchtigten Futter vorziehen und das Heu, das zu lange im Stall liegt, nicht mehr fressen. Kleine Mengen von Kraftfutter gibt man am besten zuerst. Läßt es sich zeitlich und arbeitswirtschaftlich ermöglichen, vor großen Kraftfutterzuteilungen (0,5 kg und mehr) eine Heugabe abzubieten, ist diese Maßnahme für die Pansenbakterien und damit für eine optimale Verdauung genauso wichtig wie die Verteilung einer Kraftfuttermenge von 1,5 kg auf drei Tagesgaben.
Sauglämmer: Öhmd oder Heu und Hafer oder auch Kraftfutter für die

Lämmer sollte man im abgesperrten Lämmerschlupf anbieten. So bleiben die Mutterschafe beim Fressen ungestört und werden nicht von den saugwilligen Lämmern belästigt. Lämmer, die bei anderen Mutterschafen während der Fütterung Milch stehlen, verletzen aber häufig Zitzen.

Eine gleichmäßige Fütterung bringt Erfolg, setzt jedoch eine gewisse Futterplanung voraus, denn abrupte Futterumstellungen sollte man vermeiden.

Futterzuteilung

Damit die berechneten Tagesmengen auch einigermaßen genau zugeteilt werden können, müssen die Futtermengen abgewogen oder abgeschätzt werden.

Für die Zuteilung des Kraftfutters eignen sich spezielle Handschaufeln, Dosen und Eimer.

Aufgrund des unterschiedlichen spezifischen Gewichtes sollten einige Be-

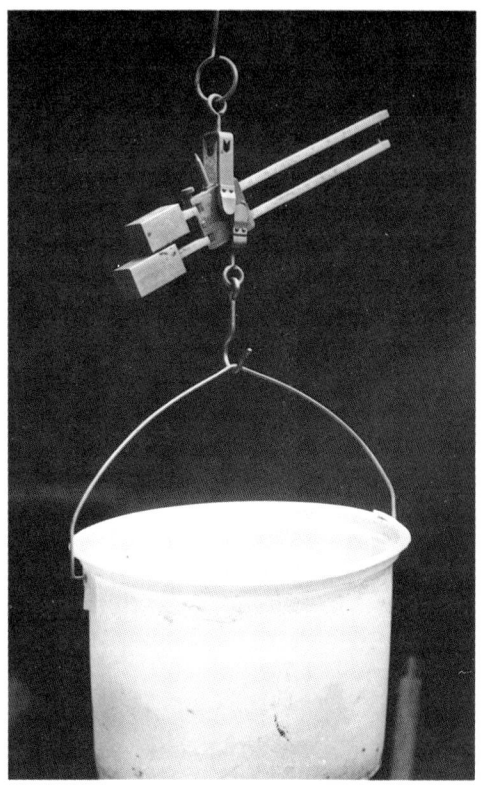

Abwiegen der Futtermittel vor der erstmaligen Gabe ermöglicht eine genaue Einteilung und spart Futterkosten.

Gewichte einzelner Futtermittel

1 Liter Hafer	entspricht im Durchschnitt	450 g
1 Liter Weizen		750 g
1 Liter Gerste		600–650 g
1 Liter Trockenschnitzel		320–350 g
1 Liter Trockenschnitzel pelletiert		750 g
1 Liter Pelletiertes Kraftfutter		750–800 g
1 Liter Sojaschrot, Erbsen- und Ackerbohnenschrot		750 g
Viehsalz 1 Eßlöffel		25 g
Mineralfutter 1 Eßlöffel		20 g

hälter geeicht werden. So weiß man genau, wieviel kg bei einer Fütterung zugeteilt werden.

Die Gewichtsabschätzung bei Rauhfutter kann etwas schwieriger sein, besonders bei Lose-Bergung. Stellt man jedoch vor Beginn des Winters die Vorräte an Heu, Öhmd, Strohballen, Futterrüben und den Inhalt der Silagebehälter fest, ist eine langfristige Planung und optimale Futterzuteilung möglich.

Bei der Fütterung ist es nicht entscheidend, ob ein Schaf ganz genau die Mengen der errechneten Futterrationen frißt, sondern daß die angebotenen Futtermittel für die jeweilige Leistungsklasse im richtigen Verhältnis zusammengestellt sind.

Neben all diesen Hinweisen und Berechnungen ist für den Erfolg einer Schafzucht das »Auge des Herrn« ein entscheidender Faktor; denn auf Beobachtung der Tiere und die Beurteilung des Futterzustandes kann nicht verzichtet werden.

Vom Tränken der Schafe

Schafe auf der Weide brauchen normalerweise wenig Trinkwasser. Tau, Regen und der 80%ige Wassergehalt des Grases machen das Tränken überflüssig. Aber in Perioden, in denen kaum Niederschläge fallen, wird das Tränken unumgänglich. Besonders dann, wenn säugende Lämmer vorhanden sind,

muß täglich Wasser gegeben werden. Wird dauernd frisches Wasser angeboten, treten keine Mangelerscheinungen auf. Tiere, die an ein regelmäßiges Wasserangebot gewöhnt sind, verbrauchen auch mehr Wasser. Der Wasserbedarf auf der Weide geht bis zu zwei Liter pro Schaf und Tag.

Wasser

Bei reiner Heu- und Kraftfutterfütterung liegt der Tagesbedarf eines Schafes an Wasser bei 3 bis 6 l pro Tag.

Das Wasser kann in Plastik-, Zink- oder Metalleimern oder aber auch in speziellen Tränkebecken für Schafe angeboten werden. Für größere Bestände gibt es Tröge in Keramik und Metallausführung.

Spezielle Tränkebecken für Schafe haben den Vorteil, daß sie an die Wasserversorgung angeschlossen sind und so eine kontinuierliche Wasserversorgung ermöglichen. Bei Frost ist jedoch Vorsicht geboten!

Am Tränkebecken können die Tiere jederzeit saufen, sofern es im Stall richtig plaziert ist.

Die Schaftränke sollte
– in Kopfhöhe der Schafe etwa 60 cm,
– möglichst über einem 20 bis 30 cm hohen Podest und
– in einer Stallecke
angebracht werden.

Durch das Podest werden Verunreinigungen mit Kot vermieden, denn Schafe betreten Stufen nie rückwärts.

Eine Selbsttränke mit Schwimmer wird von den Schafen der Nippeltränke vorgezogen.

Schafe wollen sauberes Wasser

Schafe haben ein feines Gespür für verunreinigtes Wasser. Mancher Schafhalter hat sich schon gewundert, warum seine Schafe nicht saufen, obwohl sie eigentlich Durst haben müßten. Es kann sein, daß Hunde, Katzen, Pferde und Rinder, vorher den Wassertrog benutzt haben, oder daß das Wasser durch Kot und Urin verunreinigt wurde.

Es kommt aber auch vor, daß Tiere besondere Eigenheiten entwickeln und nur aus ganz bestimmten Behältnissen saufen.

Deshalb:
- Täglich das restliche Wasser ausschütten,
- das Tränkegefäß reinigen und
- kaltes, frisches Wasser nachfüllen.

Sowohl Schafe als auch Lämmer sollten *nie aus Wasserpfützen* saufen (hoher Keimgehalt)

Salz- und Mineralstoffbedarf

Der Gehalt an Kalium im Weidegras ist sehr hoch. Die Salze von Kalium und Natrium müssen im Stoffwechsel des

Schafes ein ausgewogenes Verhältnis aufweisen. Deshalb muß den Schafen alle zwei bis drei Tage Natrium in Form von Natriumchlorid (Viehsalz, Kochsalz) zugeführt werden.

Man sollte nur so viel Salz anbieten, daß nach etwa einer halben Stunde der Trog leergefressen ist, denn sonst löst sich das wasserziehende Viehsalz allmählich auf und wird von den Schafen nicht mehr angenommen. Es gibt Zeiträume, in denen die Schafe kein Salz aufnehmen.

Viehsalz gibt es lose (ohne Kupfergehalt) oder als Salzlecksteine und Leckschalen, die etwas teurer sind, aber eine Vorratsfütterung bei Salz erlauben.

Mineralstoffbedarf

Neben Salz (NaCl) brauchen die Schafe weitere Mineralstoffe wie Ca (Kalzium) und P (Phosphor), die aber in einem bestimmten Verhältnis zueinander stehen sollten. Das Ca:P-Verhältnis sollte etwa 2,5 : 1 betragen.

Gibt man täglich den Schafen etwa 20 bis 30 g (1,5 gehäufte Eßlöffel) einer Mineralstoffmischung zur freien Aufnahme, decken die Tiere ihren Bedarf selbst.

Da Schafe sehr empfindlich auf Kupfer reagieren, sollten nur spezielle kupferarme Mischungen für Schafe verwendet werden.

Die Schafweide

Das Schaf ist ein Landschaftspfleger

Durch die Strukturänderungen in der Landwirtschaft sind seit Jahren immer mehr landwirtschaftliche Flächen, die maschinell schwer zu bewirtschaften sind, aufgegeben worden. Diese Flächen würden ohne Nutzung und Pflege allmählich verwalden oder verbuschen. In vielen Gebieten konnte das Landschaftsbild durch die Beweidung mit Schafen erhalten werden. Steinige und steile Flächen stellen dabei für die Schafe kein Hindernis dar. Gegenüber den mechanischen und chemischen Pflegeverfahren ist die Schafbeweidung billig, umweltfreundlich und zudem von volkswirtschaftlichem Nutzen, denn Gras wird dabei zu hochwertigen Produkten veredelt. Der Beitrag der in der kleinen Koppel gehaltenen Schafe ist dabei natürlich für die Landschaft nur gering. Die eigentliche Aufgabe der Landschaftspflege kommt den großen Herden, vor allem der Wanderschäferei zu.

Die Schwäbische Alb mit ihren Wacholderheiden wäre ohne die Merinoherden genauso wenig denkbar wie die Lüneburger Heide ohne die Heidschnucken.

Nicht zu vergessen sind die Almen mit den Bergschafen und die in der Deichpflege an der Nordsee eingesetzten Schafherden.

In all diesen Landschaften tragen die Schafe zur Landschaftserhaltung bei, ohne dabei große Pflegekosten zu verursachen. Die Erholungssuchenden erfreuen sich dabei nicht nur an der Landschaft, sondern auch an den Schafen selbst.

Weidesysteme

Für Schafe gibt es eine Vielzahl von Möglichkeiten bei der Weidehaltung entsprechend den jeweiligen Anforderungen eines Betriebes.

Neben dem Hüten der Schafe durch einen Schäfer mit Hunden unterscheidet man in der Koppelhaltung verschiedene Weidesysteme.

Tüdern

Unter Tüdern ist das Anbinden der Schafe an einem etwa 3 m langen Seil auf der Weide zu verstehen. Die Schafe weiden im Umkreis der Anbindung, deren Zentrum ein Pflock mit drehbarem Metallring ist. Der Pflock kann

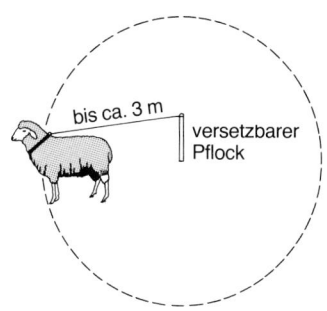

Tüdern

überständig (alt). Da die Schafe überall Kot absetzen, bilden sich vermehrt sogenannte Geilstellen, die dann als Futterquelle abgelehnt werden. Dies ist der Hauptnachteil der Standweide. Ist jedoch ein Weideunterstand vorhanden, wird viel Kot und Urin von der Weide ferngehalten, denn die Tiere legen sich während der Ruhezeiten in den Unterstand und koten dort ab. Früher waren Verwurmungsprobleme auf der Standweide gefürchtet. Wird jedoch regelmäßig mit modernen Mitteln entwurmt, ist diese Gefahr wesentlich verringert. Bei der Standweide

entsprechend der gewünschten Weideführung versetzt werden. Das Tüdern erfordert keine Zäune, ist billig, setzt aber einen hohen Arbeitsaufwand voraus, wenn mehrere Schafe vorhanden sind.

In dichtbesiedelten Gebieten können heute freilaufende Hunde für die nicht eingezäunten Schafe eine Gefahr darstellen. Beim Tüdern ist deshalb eine besonders intensive Beobachtung der Tiere während des Weidens notwendig.

Standweide

Werden Weidetiere während der ganzen Vegetationsperiode auf nur einer Koppel gehalten, bezeichnet man diese Bewirtschaftungsweise als Standweide.

Mit einem sehr frühzeitigen Weideauftrieb können die Obergräser vermindert und der Futterüberschuß besser bewältigt werden.

Hauptproblem ist der Futterüberhang in der Hauptwachstumszeit im Juni. Wird nicht wenigstens teilweise Mähnutzung durchgeführt, bleibt viel Gras

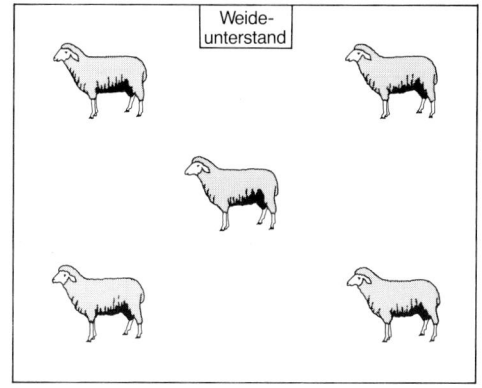

Standweide

findet ausschließlich eine feste Einzäunung Verwendung. Hauptvorteil dieser Weideform ist ein geringer Arbeitsaufwand, da Futterzuteilung und Umtreiben entfallen. Bei langen Regenperioden bildet sich auf den Hauptwegen der Schafe Morast, der wegen Klauenkrankheiten sehr unangenehm sein kann.

Umtriebsweide

Für die Umtriebsweide benötigt man verschiedene Koppeln oder Parzellen, die nacheinander beweidet werden. Jeweils nach zwei bis drei Tagen kommen die Schafe in die nächste Koppel. Entsprechend dem Grundsatz, kurze Beweidung und lange Erholung für die Grasnarbe, sollten etwa acht Koppeln vorhanden sein. Bei

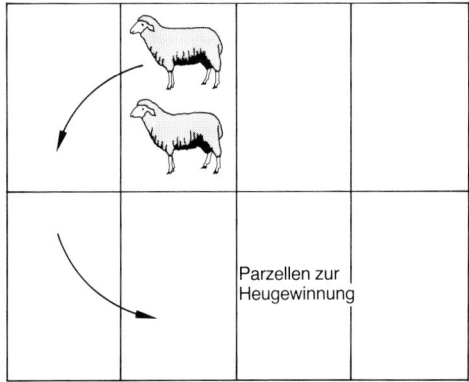

Umtriebsweide

einer dreitägigen Beweidung wird eine Koppel nach etwa 24 Tagen wieder genutzt. Dies ist eine bewährte Methode. Zwischendurch können die Koppeln auch zur Mähnutzung verwendet werden.

Portionsweide

Bei der Portionsweide wird den Schafen in kurzen Abständen, z.B. jeden Tag, neue Weidefläche zugeteilt. Bei dieser Weideform ist ein Futterverlust

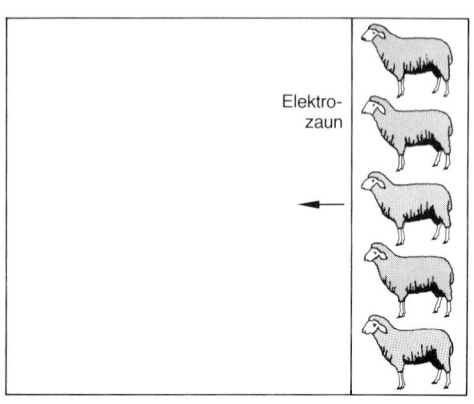

Portionsweide

durch Geilstellen kaum möglich, denn die Schafe bekommen täglich frisches Futter. Der Arbeitsaufwand durch die tägliche Zuteilung ist jedoch sehr hoch.
Die Futterzuteilung erfolgt am besten mit einem Elektrozaun. Der Futterertrag je ha ist bei der Portionsweide am höchsten.

Einzäunungen für Schafe

Die Einzäunung von Schafen hat zwei Aufgaben: Sie soll auf der einen Seite das Ausbrechen der Schafe verhindern, andererseits aber auch die Schafe vor streunenden Hunden schützen, die zunehmend große Schäden unter Koppelschafen anrichten. In der Schafhaltung werden in den letzten Jahren außer den festen Einzäunungen immer mehr bewegliche elektrische Zaunsysteme eingesetzt.

130

Beispiel für das Umpferchen mit zwei elektrischen Knotengeflechten (je 50 m).

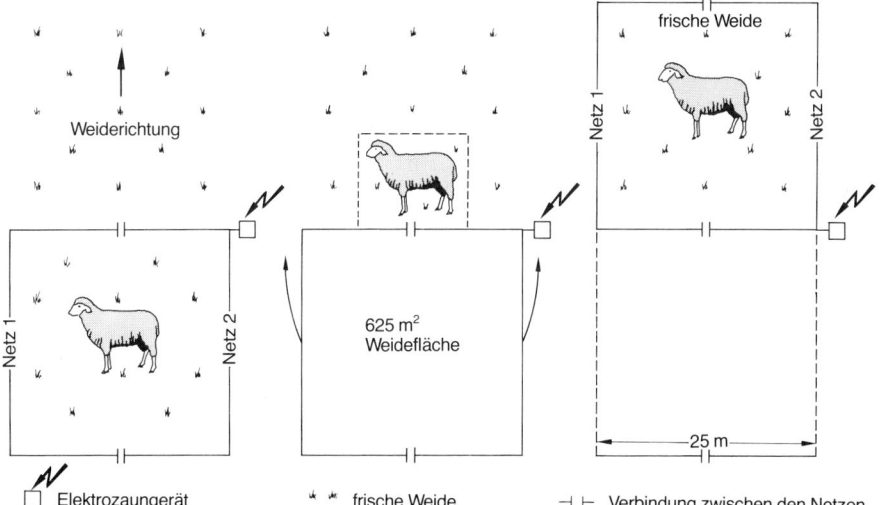

Weiderichtung

frische Weide

Netz 1

Netz 2

Netz 1

Netz 2

625 m² Weidefläche

25 m

☐ Elektrozaungerät   * * frische Weide   ⊣ ⊢ Verbindung zwischen den Netzen

Beim Aufstellen des Elektro-Zaunes sollte so vorgeplant werden, daß für spätere Weidewechsel möglichst wenig Aufwand für das Versetzen der Netze nötig ist.

Mit einer Hüteschnur, Draht, Hürden oder einem Elektronetz können die Schafe beim Umsetzen für kurze Zeit auf einem kleinen Teil der neuen Weide beisammengehalten werden.

Bei möglichst quadratisch eingeteilter Weide ist die jeweils eingezäunte Fläche am größten.

Eine arbeitsintensive, aber flexible Einzäunung ist die Verwendung von Holzhürden.

131

Einfache Unterteilung der Weide mit
Holzhürden.

Hürden können auch mit Knotengeflecht
bespannt werden.

Feste Zäune

Feste Zäune werden dauerhaft für mehrere Jahre montiert. Die wichtigste Art einer festen Umzäunung ist das Knotengeflecht aus Draht bei Höhen von 78 cm und 102 cm. In der Praxis hat sich die Variante mit 102 cm am besten bewährt. Bei diesen Knotengeflechten nimmt die Maschenweite in der Regel von oben nach unten ab.

Weite Maschen haben den Nachteil, daß insbesondere Lämmer den Kopf durchstecken und an der Zaunaußenseite fressen. Dadurch wird der Zaun überspannt und bei lockeren Pfählen sogar umgedrückt.

Außerdem besteht bei weitmaschigen Geflechten die Gefahr, daß sich Tiere verletzen oder erhängen können. Besonders gefährlich sind die Eckverstrebungen, wenn das Geflecht dort nicht richtig angenagelt wurde. Außen zu fressen vergeht den Schafen aber, wenn an der Pfahlinnenseite in einer Höhe von etwa 30 cm ein elektrisch geladener Draht auf Isolatoren angebracht, oder ein engmaschiges Knotengitter verwendet wird.

Das Knotengeflecht ist nach wie vor die sicherste Einzäunung.

Eine etwa 100 m lange Einzäunung mit Knotengeflecht kostet ohne Arbeitsaufwand etwa 200,– bis 250,– DM, bei einer Haltbarkeit von fünf bis zehn Jahren. Bei nährstoffarmem Grünland und stark parzellierten Weiden kann eine solche Einzäunung allerdings unwirtschaftlich sein.

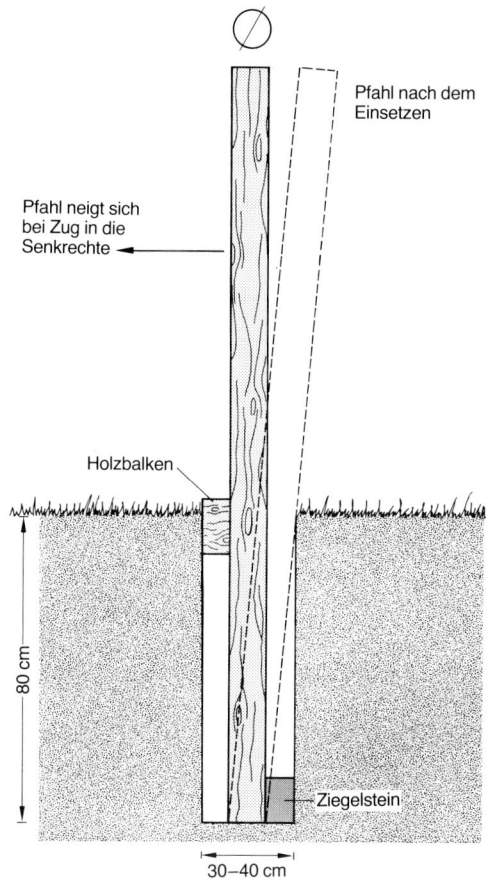

Pfahl nach dem Einsetzen

Pfahl neigt sich bei Zug in die Senkrechte

Holzbalken

80 cm

Ziegelstein

30–40 cm

Wie wird ein stabiler Eckpfahl gesetzt? Zunächst wird ein Loch von 80 cm Tiefe gegraben, dann wird der Pfahl in das Loch gestellt und gegenüber der Zugrichtung ein stabiler Stein (Backstein) gestellt.

Das Loch wird mit Erde aufgefüllt und gut vedichtet.

An der Zugseite wird ein 50 cm langer Holzbalken etwa 20 × 20 cm stark quer horizontal gelegt, genau eingepaßt und bis etwa 10 cm tief unter die Grasnarbe eingeschlagen.

Zuletzt wird sorgfältig mit Erde angefüllt.

133

Es gibt noch verschiedene feste Zäune aus Brettern usw., die aber meist zu teuer und auch im Landschaftsbild zu auffällig sind.

Genehmigung einer festen Einzäunung: In einigen Bundesländern bedarf die Erstellung einer festen Einzäunung einer Genehmigung durch das Baurechtsamt. Deshalb empfiehlt es sich, vor einem Zaunbau Informationen einzuholen.

Bewegliche Zäune

Bewegliche Zäune werden nur während der Beweidung aufgebaut und können jederzeit wieder entfernt werden. Diese Einzäunungsart hat in den letzten Jahren in der Koppelhaltung immer größere Bedeutung erlangt, denn viele Flächen dürfen aus Gründen des Landschaftsschutzes nicht fest eingezäunt werden, zudem ist ein fester Zaun auch manchem Jäger ein Dorn im Auge. Abgesehen davon ist ein fester Zaun auch eine Kostenfrage. In der Schafhaltung sind eine große Zahl von beweglichen Zäunen im Einsatz, die auch als »Fliegende Zäune« bezeichnet werden.

Versetzbare Gatter: In Kleinbeständen kann man, indem Gatter aus Latten oder Maschengeflecht entsprechend versetzt werden, die Weide portionsweise zuteilen. Es gibt hier sogar Modelle mit Rädern. Dies ist mit einem sehr großen Arbeitsaufwand verbunden, vor allem, wenn mehr als zehn Schafe vorhanden sind.

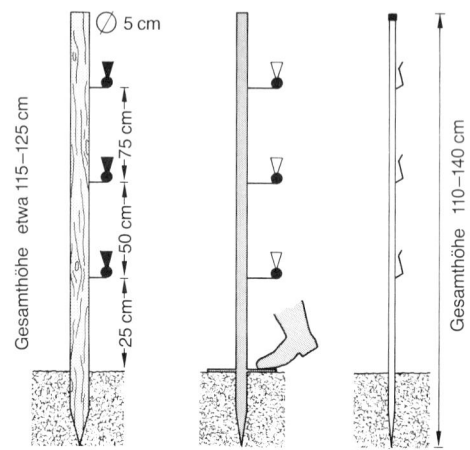

Weidepfähle für Elektrozäune.
Pfahl aus Holz unbehandelt oder hochdruckimprägniert, mit Isolatoren (Gesamthöhe etwa 115–125 cm).
Eisenpfahl mit angeschraubten Isolatoren. Ein Querstab zum Eindrücken in den Boden.
Eisenpfahl mit Plastikummantelung und Drahtführungsösen (Gesamthöhe 110-140 cm.)

Elektrozäune

Weitaus einfacher sind die verschiedenen Elektrozäune zu handhaben. Voraussetzung für diese Methode ist ein elektrisches Weidezaungerät, das entweder am 220 Volt-Netz angeschlossen oder aber mit einer Trocken- oder Autobatterie betrieben wird. Solche Geräte haben einen Anschaffungswert von 250,– bis 400,– DM. Seit einigen Jahren gibt es auch Geräte mit Solarbetrieb. Die Geräte geben elektrische Stromstöße ab, die bei den Tieren gefürchtet sind.

Elektrozaun mit verzinkten Drähten: Das einfachste System kann man auf vielen Rinderweiden sehen, wenn mit

Beim Elektrozaun ist das Gerät sehr wichtig. Es gibt Geräte mit Solarenergie, mit Trockenbatterie oder mit Autobatterieanschluß. Hier sogar eine diebstahlsichere Ausführung.

Zu mehrmaligem Auf- und Abbau während des Jahres eignet sich der verzinkte Draht nicht, da die Elastizität beim Auf- und Abwickeln zu gering ist und so auch bald Bruchstellen auftreten.

Elektrozaun mit Hüteschnur: Für häufiges Auf- und Abbauen eignet sich mehr die sogenannte Hüteschnur, die aus einer Plastikschnur mit eingelegten stromleitenden Metallfasern besteht und leicht zu handhaben ist. Die gefärbten Hüteschnüre lassen sich auch mit einer Haspel mühelos aufrollen.

Zwei oder mehr Drähte? Bei Einzäunung mit drei oder vier Drähten ist die Ausbruchsicherheit größer. Bei diesen Einzäunungen ist eine regelmäßige Kontrolle Grundvoraussetzung. Werden zwei Drähte verwendet, soll der erste Draht 30 cm, der zweite etwa 65 cm über dem Erdboden angebracht sein. Bei der Dreierlösung sind die Abstände 25, 50, 75 cm. Für diese

zwei Drähten eine Weide abgeteilt wird. Schafe ohne Lämmer lassen sich in einer solchen Weide meist ohne Schwierigkeiten halten, wenn angrenzend keine schmackhaften Kulturen sind. Junge Lämmer sind nicht vorsichtig genug für dieses System, da sie durch die Drähte schlüpfen. Grundprinzip dieser Weideeinzäunung ist, daß an Holz- oder Metallpfählen nicht stromleitende Plastikisolatoren angebracht sind. Der Draht wird an die im Abstand von 5 bis 8 m eingeschlagenen Pfähle an den Isolatoren gespannt.

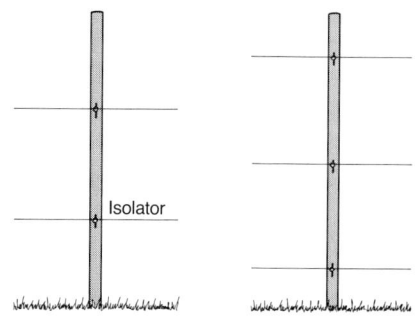

Die Einzäunung mit zwei Drähten kann nur bei Schafen ohne Junglämmer empfohlen werden. Mit drei Drähten wird eine größere Sicherheit erreicht (s. Fotos Seite 136).

Einzäunung mit 2 Drähten. Bei Junglämmern sind 3 Drähte vorteilhaft.

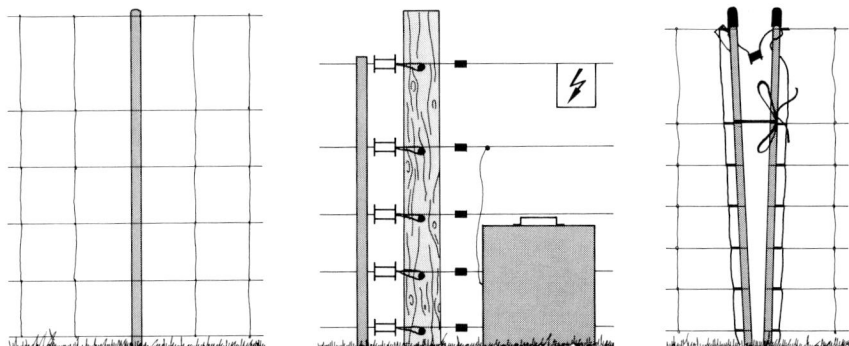

Links: Normales Knotengeflecht aus verzinktem Draht.

Mitte: Ein Zaunsystem aus Neuseeland arbeitet mit fünf horizontalen Drähten, die von besonderen isolierenden Holzpfählen getragen werden. Mit isolierten Griffen und Drahtschlaufen an den Enden ist der neuseeländische Weidezaun einfach zu schließen.

Rechts: Der Stromkreis bei Elektronetzen wird mit einfachen Metallsteckern geschlossen. Mit einer kräftigen Schnur werden die Stangen zusammengebunden.

Lammsichere Elektronetze sind sicherer und im Vergleich zu verzinkten Drähten in der Handhabung einfacher.

Verfahren gibt es auch Vorrichtungen, wo z. B. drei Haspel mit jeweils 200 m Hüteschnur im richtigen Abstand aufgesetzt sind. Solche Geräte sind arbeitserleichternd, aber teuer.

Ein spezielles Zaunsystem mit fünf Drähten kommt aus Neuseeland und wird unter dem Namen Gallagher vertrieben. Bei diesem Festzaun werden selbstisolierende Hartholzpfähle verwendet.

Elektroknotengitter (lammsicher):
Sind junge Lämmer mit auf der Weide, ist das Elektroknotengitter die sicher-

ste elektrische Umzäunung. Diese Einzäunung besteht aus einem Geflecht aus Plastikschnur mit metallführenden Fasern wie bei der Hüteschnur.

Die Netze werden in Höhen von 88–106 cm und 50 m Länge hergestellt. An den Netzen sind bereits etwa 14 isolierte Metallstäbe zum Einstekken in die Erde angebracht. Die Netze werden auf den Weiden ausgelegt und eingesteckt ohne extra Pfähle setzen zu müssen.

Lammsichere Geflechte haben kleinere Maschenweiten, so daß die Lämmer den Kopf nicht durchstecken können.

Hinweise für den Einsatz eines Elektrozaunes: Normalerweise ist das Abmähen des Grases auf der geplanten Zaunführung vorteilhaft, denn Grashalme leiten den Stromimpuls zur Erde und der Impuls am Draht wird zu schwach.

Starke Geräte mit Autobatterie oder Netzanschluß können mehr Ableiter vertragen als schwache Geräte.

Nach Fertigstellung eines Zaunes und

Lammsicheres Elektronetz und Zaunsystem
aus Neuseeland mit 5 Drähten (s. Zeichnung Seite 137)

bei jeder Kontrolle soll geprüft werden, wie stark der Impuls ist. Dies kann durch einen speziellen Zaunprüfer oder mit einem Grashalm geschehen. Wenn der Zaun trotz Anschluß am E-Gerät keinen Strom führt, könnte es sein, daß

- Erdkontakt besteht,
- die Verbindungsstecker zwischen den Netzen nicht richtig verbunden sind,
- das Zaunanschlußkabel nicht richtig eingesetzt ist
- die Batterie nicht funktionstüchtig ist,
- der Erdungsstab keine Verbindung zum Boden hat, z.B. in Trockenzeiten. Ein Eimer Wasser über den Erdungsstab gegossen bringt den notwendigen Erdungseffekt wieder.

Wie gewöhnt man Schafe an den E-Zaun? Das erstmalige Kennenlernen des E-Zaunes geschieht am besten in einer festen Koppel, die durch Elektrozaun abgeteilt wird. Die Schafe lernen sehr schnell die Wirkung des Zaunes. Die Beobachtung des Geschehens am ersten Tag ist besonders wichtig.

Wie bringt man ausgebrochene Tiere wieder in den Zaun? Sind alle oder auch nur einzelne Schafe ausgebrochen, wird der Zaun weit geöffnet. Mit dem Kraftfuttereimer sind die Schafe meistens wieder schnell in die Koppel zu bringen. Während die Tiere fressen, kann der Zaun wieder geschlossen werden. Es ist möglich, daß nur ein Tier über den Zaun gesprungen ist. In diesem Fall ist es sogar besser, dann alle Tiere herauszulassen und dann gemeinsam in den Zaun zu locken. Einzelne Schafe, die immer wieder ausbrechen, sogenannte Hürdenspringer, sollten abgeschafft werden.

Sind Schafe hungrig, ist die Ausbruchgefahr größer. Nur bei richtiger Betreuung der Schafe kann man die Vorteile des E-Zaunes richtig ausnutzen.

Die Schafweide und ihre Pflege

Anfänger werden von ihren »wolligen Rasenmähern« sehr bald enttäuscht sein, wenn die Weide nach einigen Wochen nicht so rasenähnlich aussieht, wie erwünscht.

Zu Beginn einer Beweidung ist eine rasenähnliche Koppel zwar noch möglich, später aber bleiben meist mehr oder weniger Pflanzen stehen und zwar aus ganz einfachen Gründen:
- das Schaf frißt nicht alle Pflanzen gleich gern, es weidet selektiv und sucht zuerst die schmackhaftesten Teile und Pflanzen aus,
- Schafe meiden Stellen, wo viel Kot liegt. So wächst dort das Gras weiter und bildet inselartige Grashorste, die Geilstellen,
- kommen Schafe zu spät auf die Weide, d.h. wenn die Gräser bereits in der Blüte sind, wird viel Bewuchs zwangsläufig niedergetreten, dabei verschmutzt und dann verschmäht.

An ungepflegten Weiden haben weder Schafhalter noch Schafe eine rechte Freude. Mit vorausschauender Weideplanung und gezielten Pflegemaßnahmen kann man eine optimale Beweidung durchführen und gepflegte Weiden erreichen.

Reinigungsschnitt

Nach jeder Beweidung empfiehlt es sich, die leeren Koppeln nachzumähen, wenn dies überhaupt technisch möglich ist.

Dabei wird der Schafkot verteilt und die restlichen »verschmähten« Pflanzen werden abgeschnitten.

Führt man keinen Reinigungsschnitt durch, kommen gerade diejenigen Pflanzen zur Samenreife, die von den Schafen nicht so gerne gefressen werden und können sich so noch stärker vermehren.

Mähweide

Wenn zwischen zwei Beweidungen eine Mähnutzung eingeschaltet wird, spricht man von einer Mähweide. Die Mähweide ist sowohl bei Umtriebs- wie bei Portionsweide möglich. Hinsichtlich Hygiene, Auswirkung auf die botanische Zusammensetzung, und Schmackhaftigkeit der Weidegräser ist diese Bewirtschaftungsweise optimal, wenn sie auch nicht überall möglich ist, denn steinige Weiden und Steilhänge können in der Regel nicht gemäht werden.

Weidepflege beginnt schon im Herbst

In vielen Regionen gibt es im Herbst eine Mäuseplage. Wenn Nachbargrundstücke bei einer Mäusebekämpfung mit einbezogen werden, ist eine gezielte Aktion mit Giftweizen zu empfehlen. Man sollte jedoch vorsichtshalber mit einem speziellen Rohr arbeiten, mit dem die Köder in den Gang eingelegt werden. So werden die Schafe vom Gift verschont. Im März empfiehlt es sich, die bereits abgetrockneten Weiden mit einer Wiesenegge abzuschleppen. Dabei werden die Maulwurfshügel eingeebnet und die Grasnarbe wird durchlüftet.

In diesem Zeitraum ausgebrachte Grunddüngung schafft die Voraussetzung für einen vielseitigen Pflanzenbestand im Sommer (siehe folgende Seiten).

Seite 141:
Selbst verschiedene Distelarten werden von den Schafen verzehrt. Schafe fressen zuerst die oberen Pflanzenteile (Blüte und Samen), die die meisten Nährstoffe enthalten. Dieses Rhönschaf muß sich hier seine Nahrung bei einem wenig verlockenden Angebot aussuchen.

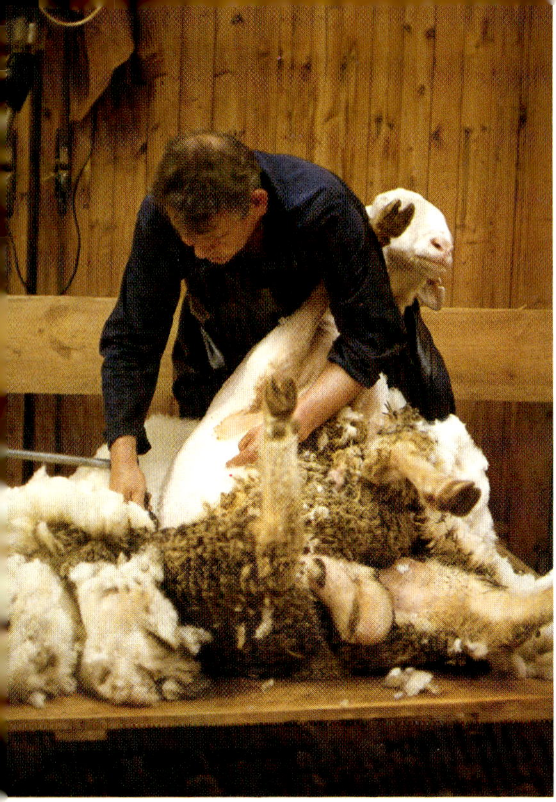
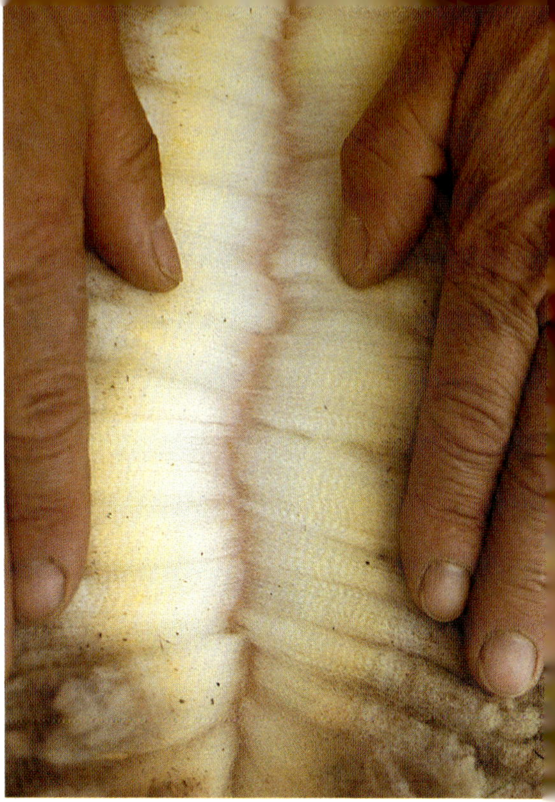
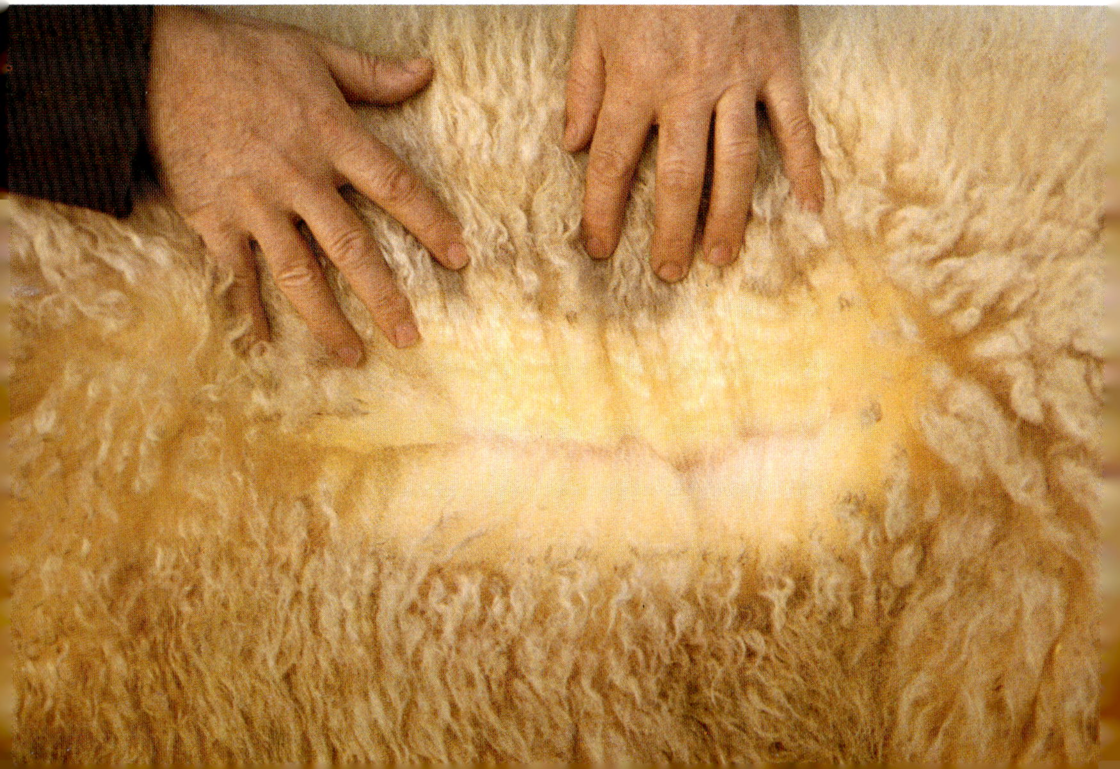

Pflanzen der Schafweide

Gräser	Kräuter	Leguminosen
erwünscht		
Weidelgras	Löwenzahn	Vogelwicke
Lieschgras	Bärenklau	Wiesenrotklee
Wiesenfuchsschwanz	Spitzwegerich	Weißklee
Knaulgras	Wiesenkerbel	Hornklee
	Wiesenpippau	Gelbklee
	Schafgarbe	Luzerne
		Esparsette
unerwünscht		
Rasenschmiele	Wiesenstorchschnabel	
Sauergräser	Hahnenfuß (giftig)	
Binsen u. Seggen	Herbstzeitlose (giftig)	
	Disteln	

Die Pflanzen der Schafweide

Die Schafweiden sind hinsichtlich der botanischen Zusammensetzung und auch der Ertragsfähigkeit äußerst unterschiedlich. Man stelle sich nur die Marschweiden an der Küste, die Lüneburger Heide oder die kalk-reichen trockenen Wacholderheiden der Schwäbischen Alb oder gar die Hochalmen in den Alpen vor.

Das Vorherrschen verschiedener Mineralien im Boden in Verbindung mit der vorhandenen Bodenauflage und Wasserversorgung sind im wesentlichen für die vorkommenden Pflanzenarten auf einer Weide bestimmend.

Die Pflanzen einer Schafweide kann man in drei wichtige Gruppen einteilen, deren anteilmäßiges Vorkommen (botanische Zusammensetzung) den Futterwert bestimmt.

Weideunkräuter

Bei mangelnder Pflege können unerwünschte Pflanzen wie Wiesenstorchschnabel, Sauerampfer und Brennesseln gehäuft vorkommen.

Seite 142:
Die Schur eines Zuchtbockes setzt Können und Kraft voraus. Feine Merinowolle unterscheidet sich von der groben Milchschafwolle durch die unterschiedliche Anzahl von Bögen in der Kräuselung. Je mehr Bögen pro Längeneinheit, desto feiner ist die Wolle. Gepflegte, saubere Wollen sind für die spätere Verarbeitung von Vorteil.

Bei der Standweide kann es bei zu geringer Besatzdichte und zu später Auftriebszeit leicht zu überständigem Futterwuchs kommen.

Als Stickstoffanzeiger findet man die Brennessel vorwiegend auf lockerem, leichtem Boden, wo die Schafe sich häufig ablegen, z.B. unter Bäumen oder an Zäunen.

Man kann lästige Pflanzen chemisch bekämpfen. Ein Kleinschafhalter sollte aus Umweltgründen darauf verzichten und natürliche Maßnahmen anwenden:
– früher Auftrieb der Schafe
– Abmähen der Brennesseln und zwar mehrfach vor der Blüte (Schafe fressen übrigens die angewelkten Nesseln sehr gerne)

– Ausstechen der Ampfernester und anderer, tiefwurzelnder Unkräuter

Die Pflanzennährstoffe

Neben Klima und Bodenart hängt die Ertragshöhe und die Pflanzenvielfalt einer Weide im wesentlichen von der Nährstoffversorgung des Bodens ab. Es gibt eine Reihe von Pflanzennährstoffen, die verschiedene Funktionen und Auswirkungen im und auf den Boden und damit auf das Pflanzenwachstum haben.

Pflanzennährstoffe

Abk.	Nährstoff	Eigenschaften
N	Stickstoff	Für die Eiweißbildung der Pflanzen notwendig. Bei guter N-Versorgung üppiges Wachstum (dunkelgrüne Blattfarbe)
P	Phosphor	Für Stärkestoffwechsel, für gute Jugend- und Wurzelentwicklung der Pflanzen. Fördert die Samenreife und die Entwicklung der Knöllchenbakterien bei Leguminosen
K	Kalium	Spielt eine wichtige Rolle im Wasserhaushalt der Pflanzen, wirkt wassersparend
Ca	Kalzium	Festigt die Zellwände der Pflanzen und verhindert eine Übersäuerung des Bodens
Mg	Magnesium	Blattgrün enthält viel Magnesium, das am Nährstofftransport in der Pflanze beteiligt ist

Es gibt noch eine Reihe von Spurenelementen wie Kupfer, Kobalt, Eisen, Natrium, die hier eine untergeordnete Rolle spielen.

Kann man anhand der botanischen Zusammensetzung auf die Nährstoffe im Boden schließen? Es gibt sogenannte Zeigerpflanzen, die annäherungsweise Aufschluß über die Nährstoffversorgung geben, da deren verstärktes Vorkommen auf das Vorhandensein eines für sie wichtigen Nährstoffes oder auf bestimmte Bodenverhältnisse zurückzuführen ist.

Stickstoffzeiger: Brennessel, Beinwell, Vogelknöterich
Kalkanzeiger: Hornklee, Luzerne
Kalizeiger: Wiesenkerbel, Bärenklau
Phosphorzeiger: Leguminosen, Wiesenkerbel

Nässezeiger: Kriechender Hahnenfuß, Binsen, Sauergräser, Gänsefingerkraut
Nährstoffmangelanzeiger: Schwingelarten, Zittergras, Schafgarbe, Margeriten

Der Nährstoffgehalt über die Zeigerpflanzen ist nur sehr ungenau zu schätzen. Genaue Informationen kann nur die chemische Bodenuntersuchung geben.
Chemische Bodenuntersuchung: Die exakteste Methode der Nährstoffbestimmung ist die chemische Bodenuntersuchung. Dazu entnimmt man im Herbst von einer Parzelle an verschiedenen Stellen etwa zehn Bodenproben

Vereinfachtes Ergebnis der Bodenuntersuchung einer Schafweide

Gehalt in mg/100 g Bodenprobe

Nährstoff	Ist-Gehalt	Soll-Gehalt	Düngungsempfehlung
N	verlangt eine getrennte, aufwendige Untersuchung und ist deshalb sehr teuer, wird aus Kostengründen nicht untersucht		
P	32 mg	20–40	Düngung nicht erforderlich
K	37 mg	bei leichtem Boden 13–25	Düngung nicht erforderlich
Ca	stark kalkbedürftig	pH –7	z.B. 20 dz CaO/ha (leichter Boden)
Mg	5	10–20	30–50 kg Mg/ durch Verwendung von Mg-haltigem Kalk (Hüttenkalk 50% MgO)

(bis 20 cm tief) als Sammelprobe insgesamt etwa 500 g und sendet diese an die zuständige Landwirtschaftliche Untersuchungsanstalt, die nach einigen Wochen das Untersuchungsergebnis mitteilt.

Ein solches Ergebnis könnte z.B. wie im obigen Beispiel aussehen:

In diesem Fall wäre also zunächst nur eine Kalkung mit MgO notwendig, die möglichst während der Vegetationsruhe durchgeführt werden sollte. für die Schafe ist die Kalkung ungefährlich. In Normalfall benötigen Schafweiden keine Stickstoffdüngung, da der stickstoffreiche Schafmist, der bei der Beweidung anfällt, ausreicht. Hohe Stickstoffgaben bewirken ein starkes Wachstum der Gräser und einen Rückgang der Kräuter und Leguminosen. Schafmist und Jauche sollten im Normalfall nur vor einer Mähzwischennutzung auf die Schafweide gebracht werden.

Futterkonservierung

Zur Konservierung der in der Schafhaltung eingesetzten Futtermittel werden je nach Futterart unterschiedliche Verfahren angewandt.

Trocknung:
Dabei wird dem Futtermittel Wasser entzogen und somit der Stoffwechsel der Pflanze und der Verderb unterbunden. Die Trocknung wird vorwiegend bei Heu und Körnerpflanzen durchgeführt.

Einsäuerung:
Die Silagebereitung von Gras ist mit der Sauerkrautbereitung vergleichbar. Dabei wird mit Hilfe verschiedener Mikroorganismen und der entstehenden Säuren die Vermehrung von Fäulniserregern unterbunden, z.B. bei Obsttrestersilage.

Erdmieten:
Futterrüben, Möhren und Kohlrüben kann man über Winter in einer Erdmiete aufbewahren. Die Haltbarkeit in Erdmieten ist begrenzt.

Heugewinnung

Die Qualität des in der Winterfütterung eingesetzten Rauhfutters wirkt sich auf die Höhe der Futterkosten aus.

Machst du den Schafen gutes Heu
dann gibt's im Winter keine Reu
drum schneid das Gras noch vor der Blüte
nur dann kriegt es die volle Güte.
Schmackhaft sind Klee, Gras, Kräuter, Pollen,
grad so wie es die Schafe wollen.
Ein später Schnitt gibt aus, macht stolz,
doch was du erntest ist schon Holz.
Vorsicht mit Schlepper, Kreiselheuer,
sonst fährst nur Stengel du zur Scheuer.

Schlechte Heuqualität muß mit größeren Mengen von teurem Kraftfutter ausgeglichen werden, sollen die Schafe nicht hungern. Schnittzeitpunkt, Wetterverhältnisse während der Heuernte sowie die Art der Heuwerbung sind neben der Grünlandqualität für die Heuqualität und somit den Futterwert bestimmend.

Gibt es ein ideales »Heuwetter«? Der größte Unsicherheitsfaktor bei der Heuwerbung ist das Wetter. Für eine gute Heuwerbung sollten in der Regel drei bis vier Tage sonniges Wetter ohne Niederschläge zur Verfügung stehen. Nicht alle Wettervorhersagen treffen bekanntlich auch ein! Ideal

Beispiel für Bodentrocknung (bei optimalem Wetter)

1. Tag	10.00 Uhr	Schnitt nach dem Tau
	11.00 Uhr	Durchschütteln mit dem Kreiselheuer bei hoher Drehzahl
	16.00 Uhr	Bearbeitung mit dem Kreiselheuer bei mittlerer Drehzahl
2. Tag	12.00 Uhr	Kreiselheuer mit niedriger Drehzahl
	16.00 Uhr	Schwadenziehen von Hand mit Rechen oder mit einem Schwader
3. Tag	11.00 Uhr	Ausbreiten der Schwaden mit der Heugabel oder dem Kreiselheuer mit geringer Drehzahl
	16.00 Uhr	Schwadenziehen für Presse, Ladewagen oder Handaufladung

wäre eine Woche sonniges, warmes Wetter.

Wann ist der optimale Schnittzeitpunkt? Zur Heugewinnung sollte man das Gras kurz vor der Blüte mähen, da in diesem Stadium der Nährstoffgehalt am höchsten und der Rohfasergehalt (Zellulose) noch relativ gering ist.

Der optimale Zeitpunkt zum Mähen ist vormittags nach dem Abtrocknen des Taus, denn die Trocknung von taunaß gemähten Pflanzen dauert länger.

Heuwerbungsarten

Es gibt drei Arten der Heutrocknung:

Bodentrockung:
Dabei wird das Gras auf der Wiese belassen und dort durch mehrmaliges Wenden getrocknet.
Gerüsttrocknung:
Man setzt das angewelkte Gras auf spezielle Gerüste. Nach ein bis drei Wochen kann das Heu eingefahren werden.
Künstliche Trocknung:
Man bringt sogenanntes Halbheu nach ein bis zwei Tagen in eine Belüftungsanlage und bläst warme Außenluft oder erwärmte Luft zur Trocknung über spezielle Vorrichtungen in den Heustock.

Bodentrocknung und Gerüsttrocknung sind die in der Schafhaltung am häufigsten angewandten Verfahren.

Bodentrocknung

Bei beständigem, gutem Wetter ist die Bodentrocknung eine schnelle und brauchbare Methode. Regenfälle können zwischendurch Qualitäts- oder Totalverlust verursachen.

Für Klee, Luzerne und andere Leguminosen ist die Bodentrocknung nicht geeignet, da die feinen Blätter vor dem

Mit einer selbstfahrenden Heuwerbemaschine
wird das Heu schonend behandelt.
Unten: Kreiselheuer

Stengel trocknen und bei der Bearbeitung dann größtenteils verlorengehen.

Hoher Grasertrag und nicht befriedigende Sonneneinstrahlung können den Trocknungsvorgang entsprechend verlängern.

Lohnt sich der Einsatz von Maschinen nicht, kann man alle aufgezeigten Arbeitsgänge auch von Hand erledigen.

Der Kreiselheuer ist eine große Erleichterung. Sofern er nur am ersten und zweiten Tag drehzahlgerecht eingesetzt wird, ist der Blattverlust gering.

Gerüsttrocknung

Eine schonende und relativ wetterunabhängige Trocknungsmethode ist die Gerüsttrocknung. Für die Gerüste gibt es verschiedene Bezeichnungen, wie Heinzen, Dreibock und Schwedenreuter und auch unterschiedliche Bauweisen.

Bei der Gerüsttrocknung setzt man angewelktes Gras auf Holz- und Drahtgerüste und beläßt es dort einige Wochen bis zur endgültigen Trocknung. Während der Trocknungszeit erfolgt eine Fermentierung, die dem Reuterheu eine besondere Geruchsnote gibt.

Aufreutern und Einfahren sind dabei die einzigen Arbeitsgänge, so daß ein hoher Blattanteil erzielt wird.

Regen kann in einen fachgerechten Reuter normalerweise nicht eindringen.

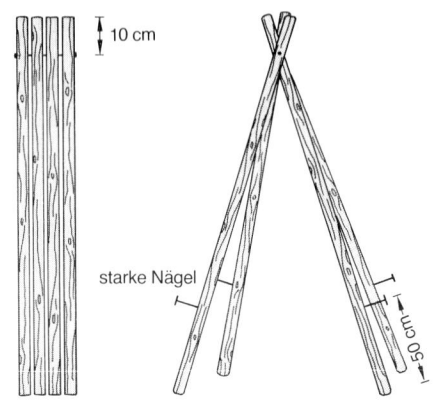

Wie baut man einen Heureuter?
Pro Reuter werden 4 Stangen von 5 bis 8 cm Durchmesser benötigt. Sie werden durchbohrt und mit einem starken Draht verbunden.
In einer Höhe von 50 cm werden vier starke Nägel von 10 bis 15 cm Länge eingeschlagen. Auf die Nägel werden dann vier Querstangen aufgelegt.

Ein Reuter will richtig aufgestellt sein, nicht zu steil und nicht zu flach. Eine Mittelstange ist bei kurzem Gras oder Öhmd besonders günstig. So kann auch mehr aufgepackt werden.
Zuerst werden jeweils die Ecken mit großen Heuhaufen bepackt. Eine Seite, meist die Hauptwindrichtung, kann etwas offenbleiben. Allmählich wird der Reuter sorgfältig und gleichmäßig aufgebaut. Bleiben Hohlräume, fällt dort das Heu zusammen und wird bei Regen naß. Wichtig ist eine kompakte Kappe zum Schluß.
Die optimale Heumenge je Reuter hängt auch vom Verwelkgrad ab und beeinflußt die Trocknungszeit.

Sind die Heu-Reuter nach einiger Zeit (1 – 3 Wochen) trocken, wirft man sie um und entfernt das Holzgerüst. Vor dem Einfahren kann so das Innere des Reuters noch trocknen.

Nach dem Pressen vermindert sich der Rauminhalt eines Reuters um das vier- bis fünffache und ergibt in der Regel 3 bis 4 Ballen zu je 15 bis 20 kg Heu.

Gerüsttrocknung oder Bodentrocknung?

Hat man keine Heuwerbemaschine zur Verfügung, empfiehlt sich die Gerüsttrocknung. Ist auf die Ankunft der HD-Presse (Hochdruckpresse) kein sicherer Verlaß, ist die Gerüsttrocknung ebenfalls vorzuziehen.

Bei unbeständigem Wetter ist nur die Gerüsttrocknung empfehlenswert.

In der Qualität ist das Reuterheu fast immer überlegen.

Nach verschiedenen Berechnungen liegt allein der Energiegehalt etwa 50

152

Auf diese Allgäuer Heinzen kann z.B. Klee oder Luzerne schon am ersten Tag, nach der Mahd aufgesetzt werden.

Bei einem Jahresbedarf von 400 kg Heu je Mutterschaf mit Nachzucht müßten bei mäßiger Heuqualität etwa 40 kg Kraftfutter zugefüttert werden, um den gleichen Futterwert zu erreichen wie bei Reuterheu. In Geldwert würde die Einsparung je Schaf und Winterfutterperiode etwa DM 30,– betragen. Ein bedenkenswerter Sachverhalt, der bei verregnetem Bodenheu noch weitaus ungünstiger ausfällt.

Heubergung

Je nach vorhandenem Bergeraum und technischen Voraussetzungen des Betriebes wird die Entscheidung für Presse oder Lose-Bergung fallen. Mit einem Anhänger, auch einem Autoanhänger, kann auch ungepreßtes Heu eingefahren werden. Spezielle Ladewagen vermindern jedoch den Arbeitsaufwand.

bis 90 KStE je dt maschinell bodengetrocknetem Heu niedriger als beim Reuterheu (1 KStE = 1000 StE; siehe auch Kapitel Gehaltswerte der Futtermittel). Dieser Wert entspricht etwa 10 kg Kraftfutter.

Die Einlagerung des Rauhfutters. Wird das Rauhfutter so eingelagert, ist während des ganzen Winters eine Mischung verschiedener Qualitäten möglich.

Entnahme-ebene

bodengetrocknetes Heu	Reuterheu	z. B. verregnetes Heu	Öhmd	Stroh

153

95 Hochdruckballen, der Winterfutterbedarf für etwa drei Mutterschafe.

Beim Transport und bei der Einlagerung benötigt Rauhfutter (lose) gegenüber HD-Ballen den vier- bis fünffachen Bergeraum.

Silagebereitung

Das Schaf stellt an die Silagequalität allerhöchste Ansprüche. Schlechte Silage ruft die sogenannte Silokrankheit (Listeriose) hervor, die meist Totalverluste zur Folge hat. Die Krankheit wird durch eine schlechte, häufig unsichtbare Silagequalität, die Erreger enthält, verursacht. Bei Maissilage ist die Gefahr besonders groß.

Feldfutterbau

Beim sogenannten Feldfutter- oder Ackerfutterbau wird das Futter (Grünfutter, Hackfrüchte usw.) von Pflanzen gewonnen, die dafür eigens auf Ackerland angebaut werden. Entweder steht dafür ein eigener Acker zur Verfügung oder man pachtet eine Fläche von einem Landwirt. Eine weitere Möglichkeit ist der Zwischenfruchtbau, wobei

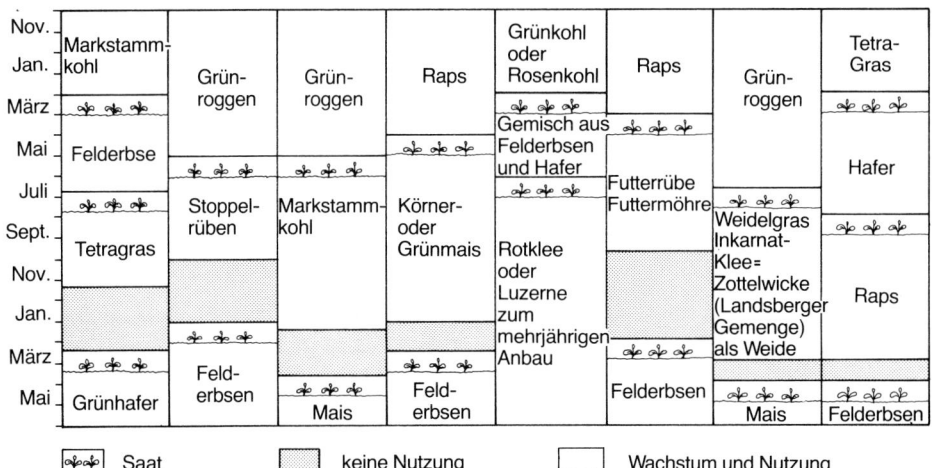

Saat · keine Nutzung · Wachstum und Nutzung

Feldfutterbau. Beispiele für den Anbau von Futterpflanzen zur Fütterung der Schafe. Beim Aussaatzeitpunkt sind jeweils das Klima, die Sortenwahl und die örtlichen Gegebenheiten zu berücksichtigen.

zwischen zwei Hauptfrüchten (z.B. Getreide- und Frühkartoffeln) im Herbst Grünraps für Futterzwecke angesät wird. In diesem Fall ist für die Futtergewinnung keine zusätzliche Anbaufläche notwendig.

Gegenüber der Futtergewinnung auf absolutem Grünland konkurriert der Feldfutterbau mit dem Anbau von verkaufsfähigen Früchten und ist bei der Wirtschaftlichkeitsberechnung entsprechend zu berücksichtigen.

Planung beim Feldfutterbau

Mit einer vorausschauenden Anbauplanung kann mit dem Feldfutterbau ein höherer Nährstoffertrag je ha als bei Grünland erzielt werden. Dazu ist es notwendig, daß entsprechend gedüngt wird, die für die Bodenart richtigen Arten und Sorten gewählt werden und eine optimale Pflege erfolgt.

In diesem Kapitel kann der Feldfutterbau nur in einer groben Übersicht beschrieben werden. Im Bedarfsfall sollte man sich entsprechend beraten lassen oder spezielle Fachbücher zu Hilfe nehmen.

Mit einer geeigneten Fruchtfolge von Feldfrüchten erreicht man eine Grünfutterversorgung von August bis in die Wintermonate hinein. Der Feldfutterbau ist interessant für Schafhaltungen, bei denen meist im Stall zugefüttert wird. Der Anbau von Rotklee und Luzerne ist dazu besonders geeignet. Wenn im Herbst die Weiden leer sind, können die Zwischenfrüchte Winterfuttervorräte einsparen. Eine Möglichkeit bietet sich manchmal, wenn Landwirte die abgeernteten Äcker zur

Bewirtschaftung zur Verfügung stellen. So könnte z. B. der Schafhalter die Saatgutkosten für die Zwischenfrucht übernehmen. Zwischenfrüchte hinterlassen eine gute Bodenfruchtbarkeit für die Folgefrucht und liefern ein gutes Herbst- und Winterfutter. Beim Abhüten von Raps empfiehlt sich eine Zufütterung von Heu. Ein gemischter Anbau von Welschem, Weidelgras, Zottelwicke und Inkarnatklee eignet sich als Alleinfutter.

Silos

Obsttrester vergärt aufgrund seines hohen Restzuckergehaltes besser als alle anderen vergleichbaren Futtermittel und kann deshalb auch in sogenannten Behelfssilos einsiliert werden. Fester Boden, saubere Zugangsmöglichkeiten sind dennoch Grundvoraussetzung für ein gutes Behelfssilo. Obsttrester kann auch in Plastiktonnen einsiliert werden.

Die Tresterfladen sollten möglichst zuerst gehäckselt und dann festgetreten werden, damit die eingeschlossene Luft entweicht. Die luftdichte Abdeckung mit einer speziellen Siloplane ist der abschließende Arbeitsgang.

Gutes Feststampfen beim Befüllen, eventuelle Zugabe von Silierzusatz wie Propionsäure und ein schneller Verbrauch angefangener Silos (Tonnen) verringert das Risiko.

Erdmieten

Hat man keinen geeigneten Keller, um Futterrüben und dergleichen zu lagern, kann zur Aufbewahrung von Rüben, Kohlrüben und Futtermöhren eine Erdmiete als guter Lagerraum angelegt werden.

Zur Anlage einer Erdmiete wird zuerst eine 30 bis 50 cm tiefe Grube gegraben, die mit Stroh ausgelegt wird. Dann werden die Früchte pyramidenförmig aufgeschichtet und mit Stroh abgedeckt. Zum Schluß wird das Ganze mit einer etwa 20 bis 30 cm dicken Erdschicht bedeckt. Alle 2 m kann ein Drainagerohr zur Entlüftung eingesteckt werden. Bei großer Kälte muß diese Öffnung geschlossen werden.

Steil angelegte Mieten lassen das Regenwasser besser abfließen, als flach angelegte. Hackfrüchte aus der Miete sind für Schafe im Winter eine besondere Delikatesse.

Produkte vom Schaf

Fleisch

»Wer Lammfleisch gar nicht köstlich findt, ist auf der Zunge farbenblind.« Dieses Schäfersprichwort ist ein noch relativ neuer Slogan, denn erst seit etwa 20 Jahren gilt Lammfleisch in Deutschland in vielen Bevölkerungsschichten als besondere Delikatesse. Früher kannte man meist nur Hammelfleisch mäßiger Qualität, gegen das viele Menschen eine gewisse Abneigung hegen. Der Großteil der jungen Lämmer bester Qualität wurde nach Frankreich exportiert und der mäßige Rest blieb den deutschen Verbrauchern. Heute steht das Lammfleisch, auch bei der Fleischproduktion für den deutschen Markt, im Mittelpunkt, denn der Absatz ist in den letzten Jahren stark gestiegen – nicht zuletzt wegen der großen Nachfrage durch die Gastarbeiter.

Handelsklassen für Schaffleisch

Kategorie	Bezeichnung	Unterschiedsmerkmale
Milchlammfleisch	M	Schlachtkörper von Milchmastlämmer, nicht über 6 Monate alt; Höchstgewicht: Schlachttierkörper ohne Kopf 22 kg, Schlachttierkörper mit Kopf 23,5 kg.
Mastlammfleisch	L	Schlachttierkörper von Stall- und Weidemastlämmern, nicht über 12 Monate alt.
Hammelfleisch	H	Schlachttierkörper von weiblichen Tieren, die nicht zur Zucht benutzt worden worden sind, und kastrierten männlichen Tieren, jeweils nicht älter als 2 Jahre.
Schaffleisch	S	Schlachttierkörper von kastrierten männlichen Tieren, älter als 2 Jahre, und von weiblichen Tieren
Fleisch von Böcken	B	Schlachttierkörper von nicht kastrierten männlichen Tieren, über 12 Monate alt.

Lammfleisch – Hammelfleisch

Das Alter des geschlachteten Tieres ist das Hauptunterscheidungsmerkmal für die beiden Fleischsorten. Sogenanntes Milchlammfleisch stammt von Lämmern bis zu sechs Monaten und Mastlammfleisch von Lämmern bis zu 12 Monaten. Fleisch von älteren Tieren, Hammeln, Altschafen und Altböcken, wird in andere Kategorien eingeteilt und darf nicht als Lammfleisch angeboten werden.

Warum schmeckt das Fleisch von jungen Lämmern anders, als das von älteren Tieren?

Mit steigendem Alter verändern sich beim Schaf die Eigenschaften des Fettes. Fett enthält verschiedene Fettsäuren, die eine verschieden starke Bindung zueinander haben. Lammfleisch enthält vorwiegend Fettsäuren mit schwachen Bindungen, Hammelfleisch Fettsäuren mit starken Bindungen. Die Bindungsfähigkeit der Fettsäuren wirkt sich auf den Schmelzpunkt von Hammel- und Lammfett aus.

Bei der üblichen Speisetemperatur von 30 bis 40 °C beginnt Hammelfett bereits fest zu werden und wird so von vielen Menschen abgelehnt. Deshalb war es früher besonders wichtig, daß ein Hammelgericht heiß auf sehr heißen Tellern serviert wurde. Das Fett von Lammfleisch wie es heute üblicherweise für verschiedene Gerichte zubereitet wird, wird selbst bei Zimmertemperatur nicht fest.

Gehaltswerte des Schaffleisches

Das rosa bis rötlich gefärbte Weidemastlammfleisch gilt heute gegenüber vielen anderen Fleischsorten aus intensiven Haltungsformen als besonders natürliches Produkt.

Die Gehaltswerte von Lammfleisch haben für die menschliche Ernährung eine sehr günstige Zusammensetzung. Die Aufstellung zeigt, daß die Lammkeule nach heutigen Anforderungen (wenig Fett und viel Eiweiß) als das wertvollste Teilstück gilt.

Schlachtung

Fleischbeschau – Gesetzliche Bestimmungen für die Schlachtung

In der Bundesrepublik gibt es ein *Fleischbeschaugesetz,* das eine amtliche Untersuchung von Schlachttieren sowie der Schlachtkörper vorschreibt. Damit soll gewährleistet werden, daß nur taugliches Fleisch von gesunden Tieren in Verkehr gebracht wird.

Seite 159:
Das richtige Konservieren bzw. sorgfältige Einsalzen ist für die spätere Fellqualität wichtig. Eine fachgerechte Zerlegung eines Mastlammes kann in verschiedenen Schnittführungen bewerkstelligt werden. Ob z. B. Teile wie die Keule ausgebeint werden sollen, hängt vom jeweiligen Verwendungszweck ab. Hier die Fleischausbeute eines ganzen Lammes von etwa 25 kg Schlachtgewicht.

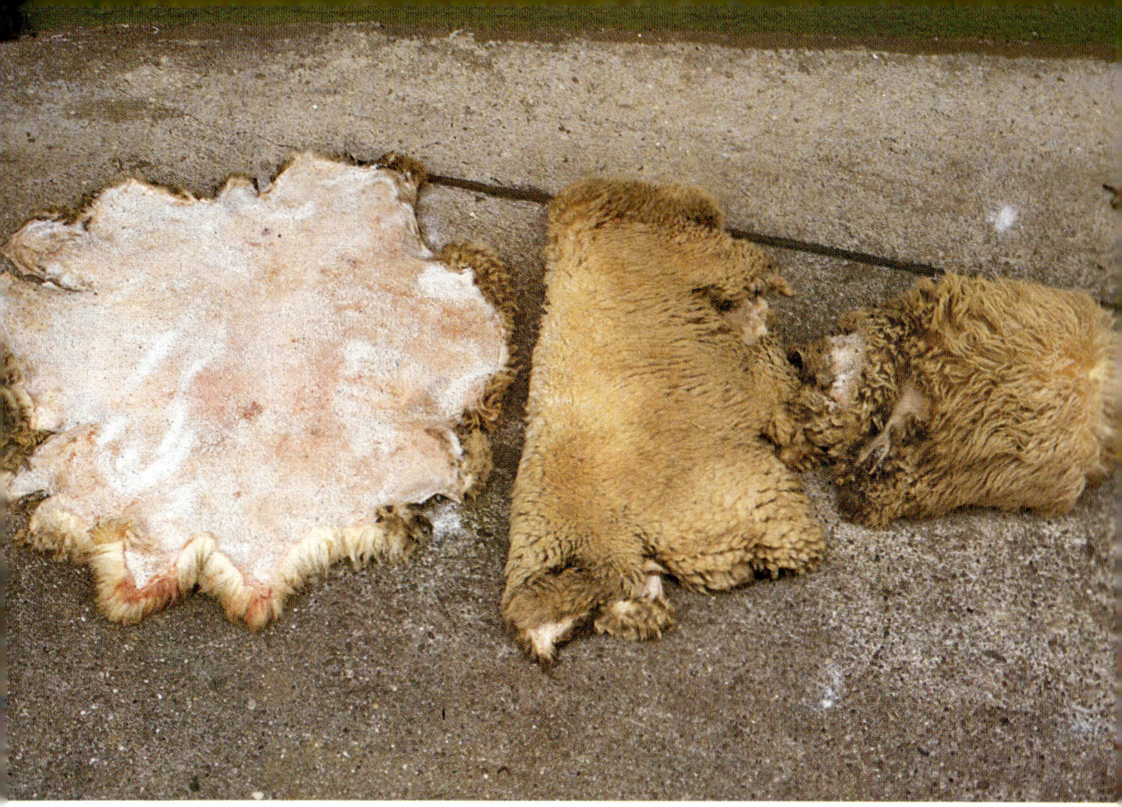

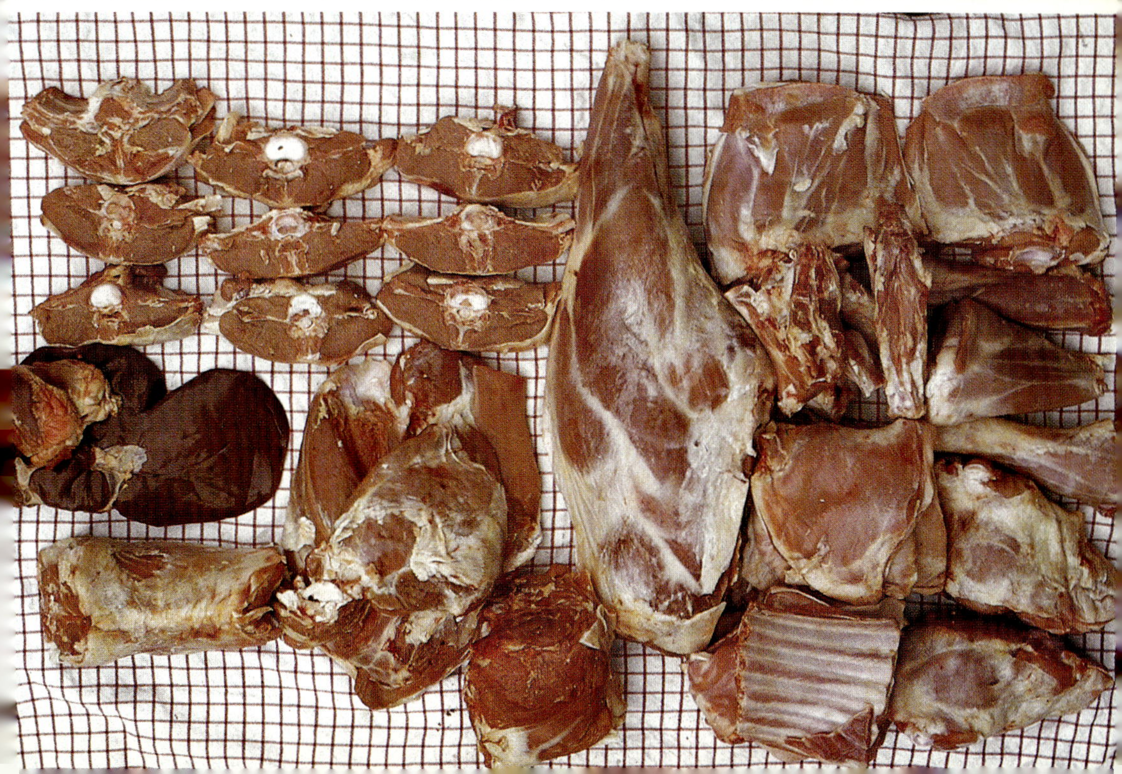

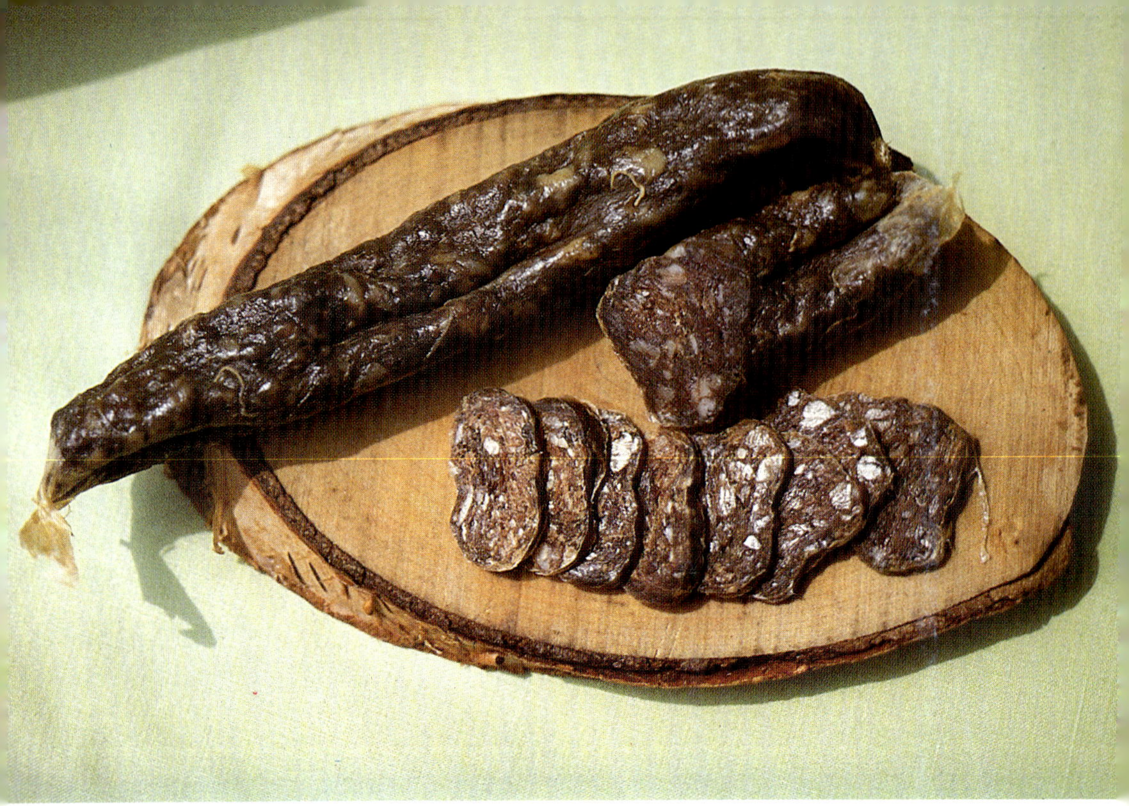

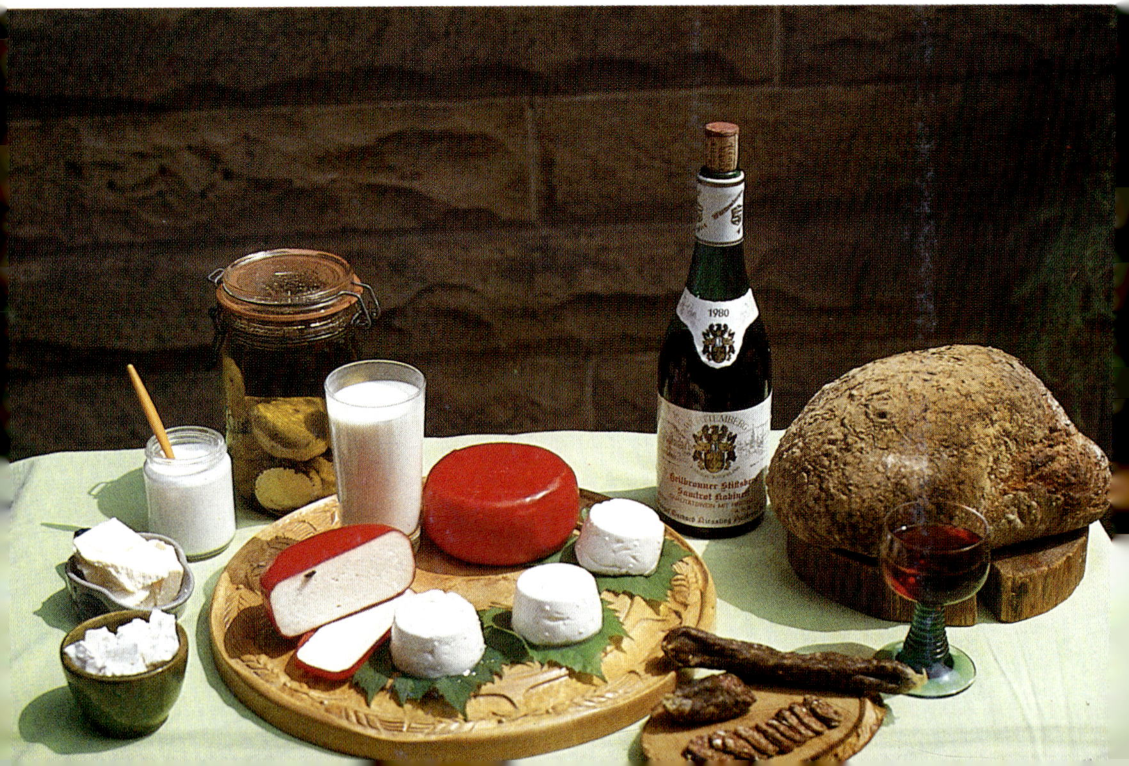
1980

Zusammensetzung von Lammfleisch überdurchschnittlicher Qualität (je 100 g Fleisch)

	Prozentualer Anteil am Schlachtkörper	Eiweiß	Fett	Energiegehalt Joule	Kcal.
Keule	32%	18%	16%	930	220
Rücken	16%	15%	26%	1280	310
Kamm, Hals	12,5%	17%	19%	1060	250
Bug	18,0%	17%	19%	1030	250
Brust/Dünnung	18,5%	15%	19%	1400	340
Talg	3,0%				

Quelle: Unsere Familie – Bundesanstalt für Fleischforderung Kulmbach

Möchte ein Schafhalter ein z. B. fünf Monate altes Lamm schlachten, muß er die Schlachtung bei seiner Gemeindeverwaltung anmelden. Frühestens einen Tag vor der Schlachtung soll der Fleischbeschauer bzw. der beauftragte Tierarzt eine Lebendbeschau und unmittelbar nach der Schlachtung eine Untersuchung des unzerteilten Schlachtkörpers durchführen. Ist der Schlachtkörper tauglich, wird er mit einem runden Stempel gekennzeich-

net und kann jetzt sowohl zum Eigenverbrauch als auch zum Verkauf verwendet werden. Gemäß der künftigen Verwendung des Schlachtkörpers unterscheidet man *gewerbliche Schlachtungen* (für den Verkauf vorgesehen) und *Hausschlachtungen* (zum Eigenverbrauch).

Für Hausschlachtungen von Lämmern, die jünger sind als drei Monate, ist keine Fleischbeschau notwendig, wohl aber für eine gewerbliche Schlachtung.

Die Gebühren für die Fleischbeschau werden von der Gemeindeverwaltung erhoben.

Vorbereitung der Schlachttiere:
Schafe sollten möglichst nüchtern, in sauberem Zustand mit trockener Wolle zur Schlachtung kommen. Vorsichtiger, ruhiger und behutsamer Umgang mit den Schlachttieren macht sich

Seite 160:
»Das Schaf deckt den Tisch«.
Luftgetrocknete Schafwurst, eine Delikatesse, deren Herstellung sehr aufwendig ist. Milch, Käse, Joghurt, Butter, Wurst, selbst das Brot wurde mit Molke gebacken – alles vom Schaf. Diese Vielfalt ist der Wunsch (oder das Ziel?) manches Selbstversorgers.

nachher am Schlachtkörper bemerkbar. Denn zu festes Anpacken beim Transport und Einfangen hinterläßt Spuren.

Schlachtung: Entsprechend dem Tierschutzgesetz darf ein Wirbeltier wie das Schaf nur nach vorheriger Betäubung getötet werden. Mit Ausnahme der Notschlachtung sollten Schafe jedoch nur von Fachleuten wie dem Metzger, ausgebildeten Schäfer oder dem erfahrenen Schafhalter geschlachtet werden.

Ablauf des Schlachtens:
– Ruhigstellen des Tiers durch Zusammenbinden der Gliedmaßen auf einem Schlachttisch
– Betäuben mit Bolzenschuß oder Elektroschockgerät
– Durchschneiden der Kehle mit Ausbluten
– Abziehen des Felles
– Entfernen der Eingeweide

Zu einer fachgerechten Schlachtung gehört eine besondere Hygiene. Die Hand, die Wolle anfaßt, sollte nicht das Fleisch berühren, damit kein Wollfett den Fleischgeschmack beeinträchtigen kann. Durch Wollfett verunreinigtes Fleisch beeinträchtigt besonders bei Böcken und älteren Tieren den Fleischgeschmack. Eine generelle Säuberung des Schlachtkörpers mit Wasser ist bei fachgerechter Schlachtung nicht notwenig und sollte dem Geschmack zuliebe unterbleiben.

Fleischreifung: Läßt man einen Schlachtkörper etwa ein bis vier Tage in einem kühlen (5 bis 10 °C), fliegenfreien und luftigen Raum abhängen, setzt im Fleisch eine Säuerung ein. Milchsäurebakterien bilden Milchsäure, die den Muskel zart macht. Dieser Vorgang hat keine negativen Auswirkungen auf den Geschmack.

Zerlegung des Schlachtkörpers: Eine gute Zerlegung des Schlachtkörpers ist bei einem richtig abgehängten Lamm am besten möglich. Auch dieser Arbeitsgang muß gelernt sein. Der Schlachtkörper kann auf einem Tisch oder aber auch am Haken hängend

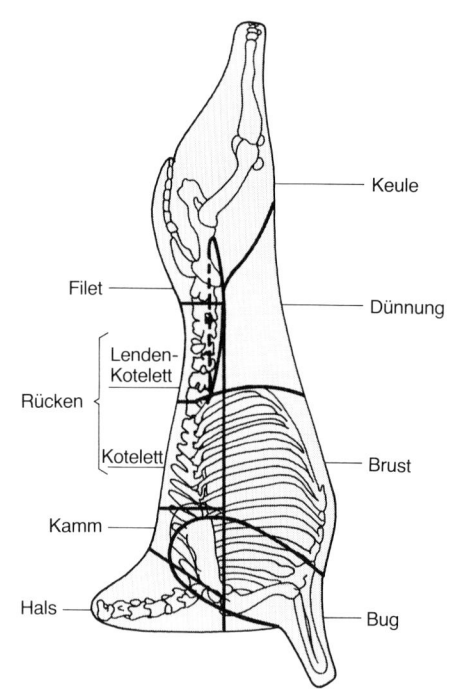

Die Teilstücke des Schlachtkörpers.

zerlegt werden. Als Werkzeuge werden ein gutes Messer, Fleischerbeil, Fleischsäge oder auch eine elektrische Stichsäge zum Zerlegen benötigt.

Es gibt eine ganze Reihe von Schnittführungen beim Zerlegen, die je nach Verwendungszweck des Fleisches angewendet werden. Gelegentlich wird ein Lamm zunächst längs halbiert. Fachgerechtes Zerlegen läßt sich nur durch Zusehen und mehrmaliges Mithelfen bei einem Metzger oder geübten Schafhalter erlernen.

Eignung der verschiedenen Teilstücke

Keule zum Braten, Schmoren und Grillen, ganz oder ausgebeint in Teilstücken

Rücken, Koteletts zum Braten, Schmoren und Grillen, als Rückenstück oder in Einzel- oder Schmetterlingskoteletts zerteilt

Kamm und Hals zum Braten, Schmoren, Kochen, für Ragouts und Stews geeignet

Dünnung, Bauch, Lappen, Brustrippen zum Grillen, Kochen, für Ragouts, Hackfleisch, Rollbraten und Siedfleisch

Bug, Schulter, (Schaufel), Blatt zum Schmoren, Grillen, Braten, Kochen

Verarbeitung und Konservierung von Lammfleisch

Das Einfrieren von familiengerechten Portionen ist heute das einfachste und am weitesten verbreitete Verfahren, und zwar mit Tiefkühlbeuteln, aus denen die Luft möglichst gründlich entzogen werden sollte. Anschließend werden sie fest verschlossen und mit dem Datum der Schlachtung versehen. Die Haltbarkeit von Lammfleisch liegt bei fettem Fleisch bei etwa sechs bis acht Monaten, bei mageren Tieren bei acht bis zwölf Monaten.

Lammfleisch läßt sich vielseitig verwerten und ist neben dem Frischverbrauch auch für die Vorratshaltung bestens geeignet. Es läßt sich in Salzlake einlegen (pökeln), räuchern, zu Würsten verarbeiten. Fleisch und Würste können in Metalldosen haltbar gemacht werden. Alle diese Konservierungsarten bedürfen besonderer Erfahrungen und Kenntnisse, dafür sei auf das Verzeichnis der empfohlenen, weiterführenden Literatur am Ende des Buches verwiesen.

Lammbraten nach Schwäbischer Art

Zutaten (für vier Personen)

1 bis 1,5 kg Lammfleisch (mit oder ohne Knochen), 50 g Fett oder Olivenöl, 1 bis 2 Zwiebeln, 1 Möhre, 1 Stange Porree, Tomatenmark oder 2 Tomaten, 2 Knoblauchzehen, 1 Teelöffel grüner Pfeffer, Paprika, schwarzer Pfeffer, Salz, geriebene Muskatnuß, frische Kräuter (Salbei, Liebstöckel), $\frac{1}{4}$ bis $\frac{1}{2}$ l trockener Wein oder Most.

Zubereitung:

Das Lammfleisch wird mit Salz und Pfeffer aus der Mühle bestreut und in einer Pfanne von allen Seiten gebräunt.

Die feingehackten Zwiebeln und Knoblauchzehen werden dazugegeben und ebenfalls mit angebraten. Kurz danach wird ein Eßlöffel Tomatenmark zugegeben. Man kann auch frische oder tiefgefrorene Tomaten verwenden. Sind die Zutaten und das Fleisch entsprechend gebräunt, wird mit dem trockenen Wein bzw. Most abgelöscht. Jetzt kann man die gehackten Kräuter, die kleingeschnittenen Möhren und Porreestange hinzugeben und stellt das Ganze in den vorgeheizten Backofen. Nach Geschmack wird die Sauce am Schluß mit Crème fraîche oder saurer Sahne abgeschmeckt.

Je nach Durchmesser des Bratens und dem gewünschten Garungsgrad beträgt die Bratzeit etwa 1½ bis 2 Stunden bei 180 °C

Als Beilagen passen verschiedene Gemüse und Salate ganz besonders Spätzle oder auch Kartoffelgerichte und die Sorte des zum Ablöschen verwendeten Weines dazu.

Brät man mit dem Hammelfleisch noch andere Fleischsorten wie z.B. Kaninchen, wird der typische Geschmack reduziert.

Wolle

Die Schafwolle war und ist für die Bekleidung des Menschen eine der wichtigsten Naturfasern. Die Schurwolle als Grundstoff für Strickgarn, textile Stoffe, Filz und Loden, ist den synthetischen Fasern durch ihre natürlichen Trageeigenschaften überlegen. Beobachtet man die positive Wirkung des Schafvlieses unter extremen Bedingungen, kann man leicht erkennen, daß Wärmeregulation, Wasseraufnahme- und Abgabevermögen das Prädikat »Naturprodukt« verdienen.

Schurtermin

Normalerweise schert man, wenn die Eisheiligen bzw. die Schafskälte vorbei sind. Dann ist auch der Weidegang bei jedem Wetter unbeschränkt möglich.

Hat man einen wärmeisolierten Stall, kann man seine Schafe bereits ab Dezember scheren. Dies hat vor allem den Vorteil, daß der Platzbedarf von geschorenen Schafen um ein Drittel geringer ist, die Scherer in dieser Zeit noch kaum feste Termine haben und

---

**Im Winter fraß recht brav vom Heu
Hans das Schaf auf warmer Streu.
Vor Kälte schützt ihn seine Wolle,
die er nun bald verlieren solle,
denn heute kommt die Schur ins Haus
die zieht dem Hans den Mantel aus.
Behaglichkeit ist nun dahin,
das geht dem Hans nicht in den Sinn.
Er wünscht sich etwas Warmes wieder
für sich und alle seine Brüder.
Doch bald ist Sommer und vergessen,
wenn Haare wieder Länge messen.
Dann schützt die Wolle aus Natur
Hans und Herde in der Flur.**

Feine Merinowolle, Ergebnis jahrhunderte-
langer Auslese.

bei Frühjahrslammung eine bessere Übersicht besteht.

Da die Wolle bei Frühschur nicht eingefüttert und verschmutzt wird, ergibt sich eine bessere Qualität, denn bei längerer Stallhaltung wird die Wolle durch Einstreu und Kot mehr oder weniger verschmutzt und von ungeeigneten Fütterungseinrichtungen fällt viel Futter in die Wolle im Nackenbereich. Bei zu hoher Stalltemperatur wird die Wolle sogar gelb (verschwitzt).

Schurmethoden

Es gibt auch heute noch Kleinschafhalter, die aus falscher Sparsamkeit die Schafschur mit der Haushaltsschere vornehmen. Die Schafe sind daran noch nach Monaten zu erkennen. Bei einer solchen Schurmethode ist dann meist auch die Wolle nicht mehr zu verwerten.

Schafe können beim Scheren stehen, auf dem Boden liegen oder auf einer Schurbank sitzen, wobei letzteres das in Deutschland am häufigsten angewandte Verfahren ist. Geschoren wird mit einer elektrischen Schere oder mit einer Handschere.

Beide Verfahren erfordern viel Erfahrung, Übung und Sicherheit, sollen die Schafe nicht zu Schaden kommen. Im Zweifelsfalle sollte man lieber einen geübten Scherer kommen lassen, denn

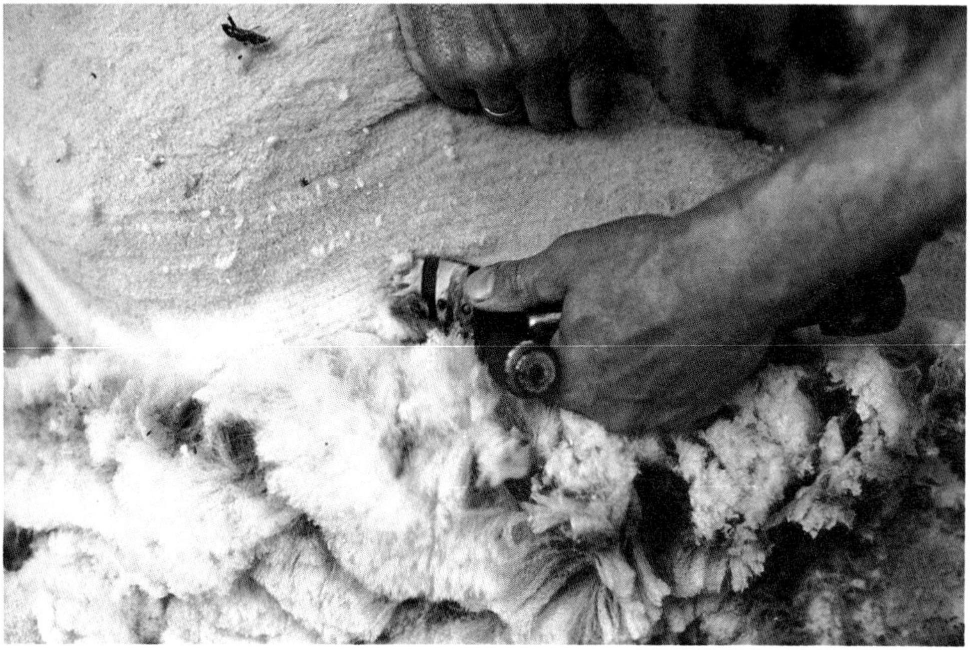

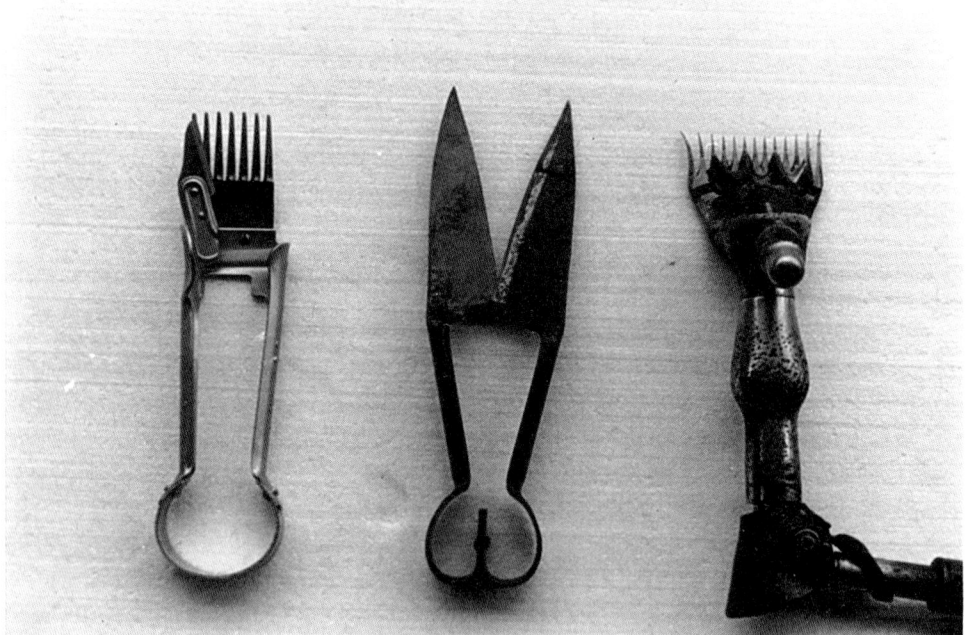

Nach der Schur wird das Vlies mit der Hautseite auf einen Lattenrost gelegt. Am Rand werden die verschmutzten Wollbereiche abgetrennt und im sogenannten Lockensack extra verpackt. Ein sauberer Boden am Schurplatz ist eine Vorraussetzung für saubere Wolle.

Bei der Schur kommt es darauf an, daß vom Vlies keine Reste stehenbleiben und daß keine kurzen, nicht mehr verwendbaren Wollschnipfel entstehen. Schurgeräte: Handscheren, die anfangs sehr viel Anstrengung erfordern, rechts elektrische Schere.

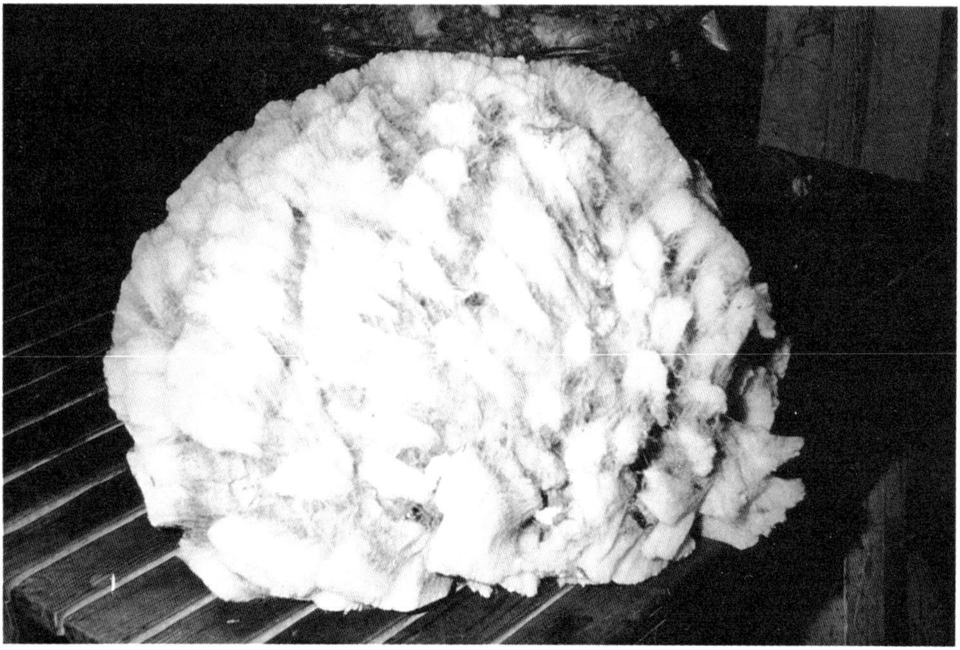

ein guter Scherer schert ein Schaf in drei bis fünf Minuten. Das Scheren ist in Kursen erlernbar. Kurse werden meist von den Landesschafzuchtverbänden angeboten.

Vorbereitung der Schafe auf die Schur

– Das Vlies der Schafe muß bei der Schur vollkommen trocken sein und darf vorher nicht mehr dem Regen ausgesetzt werden.
– Bereits am Vorabend des Schurtages sollten die Schafe nicht mehr getränkt werden. Auch die Fütterung ist zu reduzieren. »Volle Schafe« erleiden sonst beim »Schurbanksitzen« in eingezwängter Haltung Atemnot.
– Wenn man vor der Schur kein Stroh, sondern Sägemehl einstreut, befindet sich weniger Stroh am Vlies – eine qualitätsfördernde Maßnahme.

So sieht ein vorbildlich behandeltes Vlies zum Einsacken aus. Ein spezieller Wollsack der DWV ist zur Aufbewahrung und für den Transport am besten geeignet.
Schwarze bzw. braune Wollen gehören in verschiedene Säcke. Luftundurchlässige Plastiksäcke eignen sich nicht, sofern nicht genügend Luftlöcher angebracht werden.

Felle

Felle von Schafen sind heute wieder ein wichtiges Nebenprodukt der Schafhaltung, denn diese Naturfelle erfreuen sich seit Jahren immer größerer Beliebtheit. Als Dekorationsstücke im Wohnbereich, als medizinische Betteinlage, als Sitzfelle oder aber auch als Lammfellmantel oder andere Kleidungsstücke finden Schaf- und Lammfelle Verwendung.

Gute Wärmeisolierung und Trageeigenschaften kennzeichnen das Schaffell gegenüber vergleichbaren synthetischen Produkten. Will man von einem Schlachtschaf ein besonders schönes Fell bekommen, müssen sowohl bei der Haltung wie vor der Schlachtung bis zum Gerben eine Reihe von Punkten beachtet werden. Immer wieder ist die Enttäuschung groß, wenn man von der Gerberei unschöne oder fehlerhafte Felle zurück bekommt.

Konservierung der Rohfelle

Durch unsachgemäßes Enthäuten können sehr leicht Schnitte und Risse im Fell auftreten. Fleischteile und Fett sollten nicht am Rohfell, sondern am Schlachtkörper verbleiben. Fett und Fleisch stören die Konservierung und die Gerbung.

Unter mitteleuropäischen Klimaverhältnissen ist eine Lufttrocknung der frischen Felle nicht empfehlenswert. Die Konservierung mit Salz ist die

Die häufigsten Fehler bei Schaffellen und ihre Ursachen

Fehler	Ursache
Heu- und Strohreste im Fell	Verwendung falscher Fütterungsein-richtungen; unvorsichtiger Umgang mit Heu und Stroh beim Füttern
Wollausfall an verschiedenen Stellen	zu schwaches und ungenaues Einsalzen
Gelbe Einfärbungen im Bereich der Keule	Kot und Urin von unsauberen Tieren, die Verfärbung läßt sich auch beim Gerben nicht beseitigen
Löcher im Leder	fehlerhaftes Abziehen des Felles beim Schlachten

gebräuchlichste und wirksamste Methode.

Nach der Schlachtung wird das Fell mindestens eine Stunde mit den Haaren auf den Boden gelegt, damit es abkühlen und abtrocknen kann – die Klauen sowie der fleischige Teil am Kopfende werden abgeschnitten.

Mit etwa 1 kg Salz wird die Innenfläche sorgfältig eingerieben, vor allem die nichtbehaarten Fellteile. Man nimmt Viehsalz (ohne blauen Farbzusatz) oder normales Industriesalz. Danach wird das Fell auf der Innenfläche zusammengelegt und kann so aufgestapelt oder auch zusammengerollt werden. Der Kopfteil muß bei der Fellrolle außen liegen, damit die dort entstehende Flüssigkeit abfließen kann.

In einem kühlen, trockenen Lagerraum kann man so behandelte Rohfelle etwa drei bis vier Monate aufbewahren. Sollen die Felle für einen längeren Zeitraum konserviert werden, müßte

Übereinandergelegt können Felle bis zu drei Monate kühl gelagert werden.

170

nach acht Tagen nochmals sorgfältig nachgesalzen werden.

Gerbmethoden

Es gibt unterschiedliche Gerbmethoden, die sich sowohl in der Verwendung unterschiedlicher Gerbstoffe, als auch in der Art der gewünschten Endprodukte unterscheiden.

Pelzgerbung: Die Rohfelle werden im wesentlichen durch Verwendung von Ameisensäure mit verschiedenen Gerbstoffen gegerbt. Dieses Verfahren ist auch unter dem Begriff »Weißgerbung« bekannt.

Chromgerbung: Für diese Methode sind Rohfelle sowohl in Wolle als auch ohne Wolle geeignet. Hauptsächliches Gerbemittel ist ein Chromsalz. Chromgegerbte Felle erkennt man an der grünlich-blaustichigen Lederseite.

Sämisch Gerbung: Die Felle werden mit wal- oder dorschhaltigen Gerbemitteln zu gelbem Leder verarbeitet. Dabei entstehen z.B. gelbe Fenster- und Handschuhleder.

Lohnt sich das Gerben?
Kosten einer Gerbung

Im Jahre 1983 lagen die Gerbkosten je nach Gerbmethode bei einem Lammfell zwischen 35 und 40 DM und bei einem großen Schaffell zwischen 40 und 50 DM.

Für ein Rohfell wurde beim Fellhändler je nach Qualität ein Preis zwischen vier und zehn DM erzielt. Somit liegen die Produktionskosten für ein Fell (ohne anteilige Transportkosten) bei 40 bis 60 DM je Fell.

Bei so hohen Gerbkosten lohnt es sich nur, Rohfelle bester Qualität gerben zu lassen, um einen guten Verkaufserfolg zu erzielen.

Milch

Schafmilch muß nicht immer vom Milchschaf stammen, denn es ist auch möglich, andere Schafrassen zu melken, wie z.B. Merinolandschafe und Texel. Das Milchschaf eignet sich jedoch am besten zur Milcherzeugung.

Die Schafmilch ist im Sinne der lebensmittelrechtlichen Definition eigentlich gar keine Milch. Vermutlich hat man seinerzeit bei der Gesetzgebung nicht an die Schafmilch gedacht.

Trotzdem wird die Schafmilch von vielen Menschen der Kuhmilch vorgezogen, denn das Schaf liefert eine gehaltvolle Milch, der sogar sehr viele positive Eigenschaften zugeschrieben werden. So wird z.B. dem sehr hohen Orotsäuregehalt der Schafmilch eine besondere Heilwirkung bei verschiedenen Krankheiten nachgesagt. Im Vergleich zur Kuhmilch liegen bei der Schafmilch einige Inhaltstoffe deutlich höher.

Inhaltstoffe von Schaf- und Kuhmilch

	Schafmilch	Kuhmilch
Fett	6,1 %	4 %
Eiweiß	4,6 %	3,5 %
Orotsäure	350–450 mg/l	100 mg/l

Quelle: Ergebnisse der Milchleistungsprüfung Baden-Württemberg 1980

Bei den angegebenen Werten handelt es sich um Durchschnittswerte, die je nach Fütterung, genetischer Leistungsveranlagung und Laktationsstand sowohl beim Rind als auch beim Schaf starken Schwankungen unterworfen sind.

Im Laufe einer Laktation nimmt die Tagesmilchmenge mehr und mehr ab, während die Milchinhaltsstoffe, Fett und Eiweiß, gegen Ende der Laktation ansteigen.

Milchqualität

Beste Melktechnik und Sauberkeit beim Melken sind die wesentlichsten Voraussetzungen für eine schmackhafte Milch.

Neben einer optimalen Zusammensetzung sind auch verschiedene Qualitätsmerkmale der Milch, wie Geschmack, Sauberkeit, Frische und Keimgehalt für das Qualitätsprodukt »Schafmilch« wichtig. Diese Merkmale werden fast ausschließlich von der Umwelt bestimmt, insbesondere von der Melkhygiene, dem Zustand der Melkgefäße und auch von der Hygiene im Stallraum.

Melkraum

Milch bindet aus der Luft und aus den Behältern sehr leicht Geruchsstoffe. Deshalb sollte möglichst außerhalb des Stalles gemolken werden. Auf einfachen Melkständen, die man selbst herstellen kann, wird das Schaf in eine bessere Melkposition gebracht. Dies erleichtert die Melkarbeit und verbessert die Melkhygiene.

Melktechnik

Die meisten Milchschafe werden von Hand gemolken. In letzter Zeit sind auch spezielle Melkmaschinen im Einsatz. Man kann generell drei Methoden des Milchentzugs beim Schaf unterscheiden.

1. Auspressen des Euters mit beiden Händen

Diese Art findet vorwiegend in Südeuropa und in orientalischen Ländern Anwendung. Der Melker hockt hierbei hinter dem Schaf und umfaßt das Euter mit beiden Händen und preßt das Euter regelrecht aus. Diese Methode eignet sich nur für Schafrassen mit

172

kleinen Eutern und geringer Milchleistung oder bei dreimaligem Melken am Tag.

2. Melken von Hand

Diese Melkmethode ist identisch mit dem Melken einer Kuh. Man melkt von links oder rechts, während das Schaf am Kopf festgebunden ist. Eine Erleichterung ist es, wenn das Schaf an einer Wand steht und so nicht ausweichen kann. Erhält das Schaf beim Melken Kraftfutter, läßt es sich lieber melken.

Ablauf des Melkvorgangs beim Schaf

1. Säubern des Euters bei Verschmutzung
2. Vormelken

Unter Vormelken versteht man das Abmelken der ersten zwei bis drei Milchstrahlen in ein besonderes Gefäß aus möglichst schwarzem Material. Darauf kann man anormale Milch anhand der Flockenbildung leicht erkennen und so Eutererkrankungen frühzeitig feststellen.
3. Das Melken selbst soll möglichst zügig mit beiden Händen erfolgen, da nach etwa einer Minute der Milchfluß nachläßt.

3. Melken mit der Melkmaschine

Von etwa fünf Milchschafen an kann der Einsatz einer Melkmaschine rentabel sein. Die Verwendung von ehemaligen Melkaggregaten für Kühe ist nicht empfehlenswert, da sie technisch den Anforderungen des Schafeuters nicht genügen.

Mit dem Anrüsten vor Beginn des Melkens wird das Stoßen der Sauglämmer nachgeahmt.

Besser geeignet für Schafe sind jedoch spezielle Maschinen mit zwei Melkzeugen und den entsprechenden technischen Daten.

Bei einem solchen Gerät ist der Saugtakt wie auch das Melkvakuum dem Schafeuter entsprechend eingestellt.

Der Ablauf des Maschinenmelkens ist dem Handmelken ähnlich.

Ablauf des Maschinenmelkens

1. Vormelken
2. Ansetzen der Melkbecher
3. Nachmelken mit der Maschine, das Euter wird von oben zum Strich hin

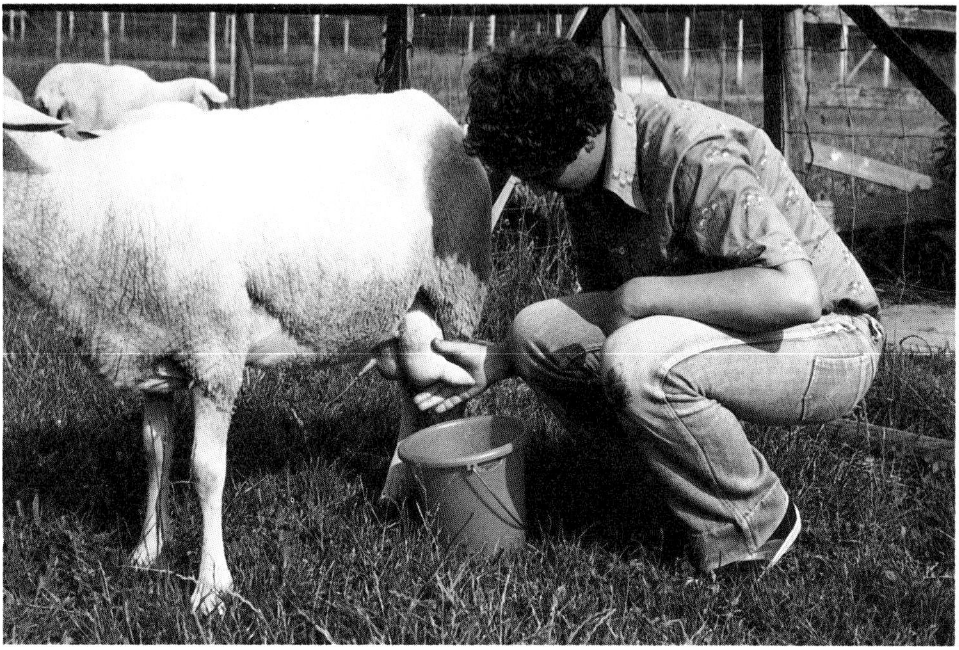

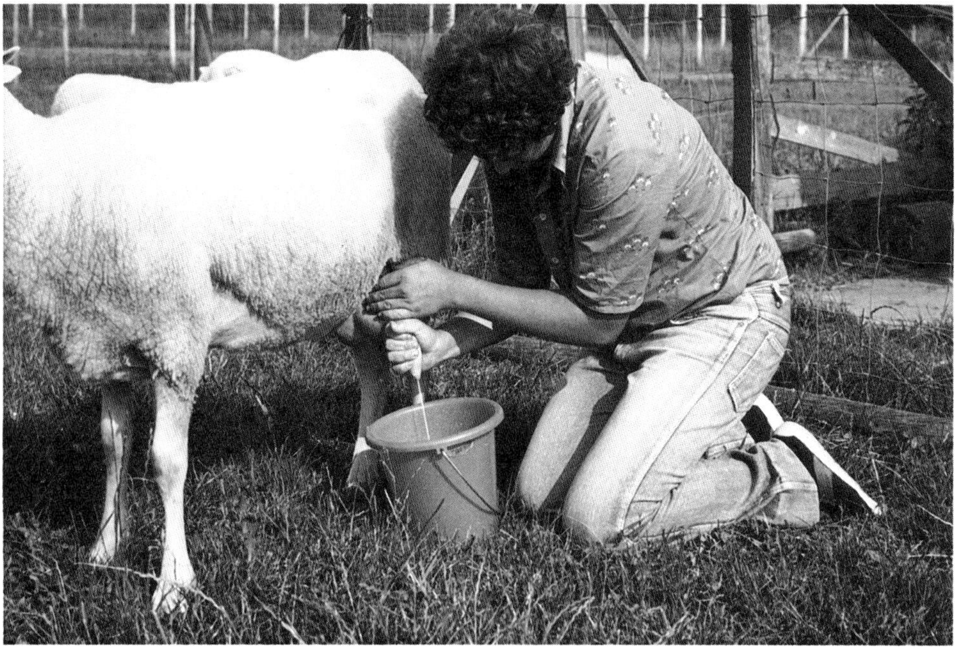

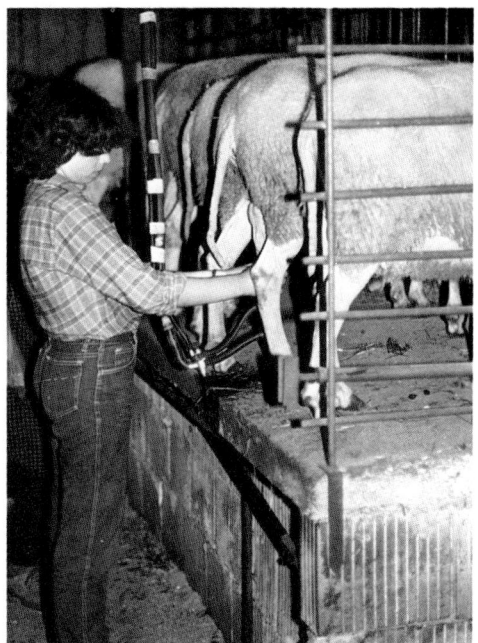

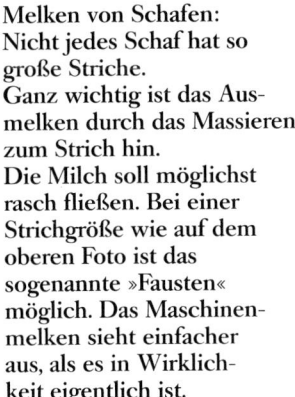

Melken von Schafen:
Nicht jedes Schaf hat so
große Striche.
Ganz wichtig ist das Aus-
melken durch das Massieren
zum Strich hin.
Die Milch soll möglichst
rasch fließen. Bei einer
Strichgröße wie auf dem
oberen Foto ist das
sogenannte »Fausten«
möglich. Das Maschinen-
melken sieht einfacher
aus, als es in Wirklich-
keit eigentlich ist.

massiert, wobei das Nachgemelk
von der Maschine abgesaugt wird.
4. Nachmelken von Hand
Nach Prof. Dr. Kirsch ist die Milchaus-
beute bei den verschiedenen Melkver-
fahren unterschiedlich. Ohne Nachmelken von Hand wird auf einen
großen Teil des Gemelks verzichtet.
Setzt man die im Euter gebildete
Milchmenge mit 100% an, wäre die
ermolkene Milchmenge
90% beim Handmelken mit Handaus-
melken
70% beim Maschinenmelken mit Ma-
schinenausmelken
55% beim alleinigen Maschinenmelken
Dies bedeutet, daß man beim »beque-
men Melken« viel Milch verschenkt.

Reinigung der Melkgeräte

Nach dem Melken wird das Melkzeug mit lauwarmem Wasser durchgespült und dann mit einem dafür geeigneten Reinigungsmittel (kein Haushaltsspülmittel) sauber gereinigt und mit klarem Wasser nachgespült. Anschließend wird das Melkzeug in einem luftigen Raum zur Trocknung aufgehängt.

Behandlung der Milch nach dem Melken

Filtern: Die frisch ermolkene Milch muß in den meisten Fällen gefiltert werden, um Schmutzteile zu beseitigen. Dazu gibt es besondere Metallfilter mit Watteeinlagen.

Kühlung: Wird die Milch nicht unmittelbar nach dem Melken zu Käse verarbeitet, sollte möglichst schnell eine Kühltemperatur von etwa +8 °C erreicht werden. In Edelstahl- oder Glasbehältern ist bei mehrmaligem Umrühren auch im Kühlschrank eine brauchbare Abkühlung zu erzielen. Für größere Mengen gibt es spezielle Kühleinrichtungen.

Verwertung der Milch

Für Milch und insbesondere Schafmilch gibt es eine Vielzahl von Verwertungsmöglichkeiten.

Frischverzehr als Trinkmilch, oder in Form von Butter, Frischkäse und Joghurt ist am gebräuchlichsten.

Konservierung der Schafmilch durch Sterilisierung in Flaschen oder durch Einfrieren hilft über den milcharmen Winter.

Die Herstellung von Hartkäse ist ebenfalls eine sinnvolle und abwechslungsreiche Verwertung der Milch. Hierfür sind aber besondere Kenntnisse und Erfahrungen notwendig. Dazu sei auf die Spezialliteratur verwiesen.

Wie oft soll man täglich melken?

Mit einem dreimaligen Melken je Tag erreicht man die höchste Milchleistung, hat dabei aber auch einen hohen Arbeitsaufwand. Das häufigste Verfahren ist das zweimalige Melken. Aus Zeitgründen gehen einige Milchschafhalter sogar dazu über, nur noch ein Morgengemelk zu gewinnen. Dazu werden die Lämmer am Abend abgesperrt und können dann nach erfolgtem Morgengemelk den Tag über saugen.

Wie gewöhnt man das Schaf an das Melken?

Erstlinge oder Schafe, die noch nie gemolken wurden, kann man einige Tage oder Wochen vor Melkbeginn bereits an den Melkstand gewöhnen, indem man ihnen dort Kraftfutter anbietet und dabei hin und wieder das Euter mit ähnlichen Streichbewegungen wie beim Melken massiert. So gibt es kaum Probleme.

Von welchem Zeitpunkt an können die Lämmer abgesetzt werden?

Bei einem hohen Milchpreis möchte der Schafhalter natürlich gerne möglichst früh absetzen. Man könnte sogar an eine mutterlose Aufzucht der Lämmer denken (siehe Kapitel Fortpflanzung und Aufzucht). In der Regel ist ein Absetzen mit acht Wochen möglich, wenn die Lämmer dann bereits 20 bis 25 kg wiegen.

Das ist aber nur zu erreichen, wenn die Mutterschafe bei der Lammung in gutem Futterzustand waren und die Lämmer schon frühzeitig an Kraftfutter gewöhnt wurden, damit sie die Umstellung gut überstehen und wenn sie danach bestens gefüttert werden.

Tagebuch eines Koppelschafhalters

Januar

Das Jahr hat mit kalten Tagen und viel Schnee begonnen. Trotz einer Schneehöhe von etwa 30 cm dürfen die Schafe jeden Nachmittag für eine halbe Stunde auf eine hofnahe Koppel. Die Tiere fühlen sich dabei sichtlich wohl. Ist der Schnee verharscht oder naß, bleiben die Schafe im Stall.

10. Januar

Heute fiel das Außenthermometer unter −15 °C. So habe ich vorsichtshalber die Fenster für heute Nacht ganz verschlossen. Feuchte Vliese, Streu und Stallwände, also eine zu hohe Luftfeuchtigkeit, waren am anderen Morgen die Folgen dieser fragwürdigen Vorsichtsmaßnahme. Künftig lasse ich wenigstens einen Fensterflügel offenstehen, um die Frischluftzufuhr nicht zu unterbinden. Oftmals bringt auch Nebel viel Feuchtigkeit in den Stall. Großzügiges Nachstreuen von Stroh und fast tägliche Einstreu von Branntkalk senkt die Luftfeuchtigkeit und verbessert somit das Wohlbefinden der Schafe.

12. Januar

Inzwischen ist es so kalt, daß ich das Tränkebecken abstellen und die alte Wannentränke wieder hervorholen mußte.

17. Januar

Heute habe ich alle Felle von den Herbstschlachtungen zum Gerber gebracht und die fertigen Felle abgeholt. Eine gute Gerbung kostet über 40,– DM. Unter 80,– DM kann ich deshalb kein Schaffell mehr verkaufen.

Der Januar ist ein ruhiger Monat; es gibt kaum Probleme. Jetzt bleibt sogar Zeit für die Lektüre eines Fachbuches. Manchmal verfalle ich auch in Gedan-

---

Eine kleine »Milchmädchenrechnung« für den Monat Januar:

31 Tage zweimal täglich 30 Minuten Schafe füttern; angenommen, ich gestehe mir einen Stundenlohn von 10,– DM zu, ergibt das, ohne Berücksichtigung der allgemeinen Betriebskosten und der Kosten für das Futter

$31 \times 10{,}- = 310{,}-$ DM

Der Betrag entspricht dem Wert von 1,5 Lämmern, das sind aufs Jahr bezogen 18 Lämmer.

Ob meine Schafe das wohl schaffen?

---

ken über die Wirtschaftlichkeit meines Hobbys.

Februar

Eigentlich wollte ich die Schafe schon vor Weihnachten scheren lassen, um die Wolle zu schonen. Aber die Kälte hat mir einen Strich durch die Rechnung gemacht. Bisher hat sich die Frühschur im Winter sehr gut bewährt, denn ich kann schon im April ohne Komplikationen austreiben und kann die Schafe während der Lammzeit besser beobachten.

8. Februar

In zehn Tagen ist Schur. Deshalb habe ich heute den Stall ausgemistet. Ganz schön festgetreten, dieser Schafmist – und davon drei Anhänger voll! Währenddessen fressen die Schafe auf der Hofkoppel die letzten Grashalme. Die beiden Dezemberlämmer spielen vergnügt. Ist der Stall entmistet, können die Fenster nach der Schur bei Kälte verschlossen werden, da im entmisteten Stall die geruchsintensive Ammoniakbildung geringer ist. Anläßlich einer Bockauktion habe ich mir bei der Deutschen Wollverwertung einen Wollsack zum Verpacken der Wolle geholt.

18. Februar

Heute ist Schurtermin. Bei einem erfahrenen Scherer ist auch die Schur von hochträchtigen Schafen kein Problem, wenn man vorher die Schafe nur wenig füttert und das Tränken unter-

läßt. Die Locken (Bauchwolle) werden extra gesackt, die Vliese fachgerecht in dem Wollsack verstaut.

Ohne Wolle erkennt man bei den Schafen den Futterzustand und vor allem den Trächtigkeitsstand besser. Auch erscheint der Schafstall auf einmal viel geräumiger. Ein Kilberlamm wollte ich demnächst schlachten, aber jetzt stelle ich fest, daß es trächtig ist. Vielleicht wollte es gerne weiterleben? Es soll jetzt erst einmal ablammen, bis endgültig entschieden wird.

22. Februar

Der Hunger nach Heu steigt jetzt bei den Schafen an nachdem sie ohne Wolle sind. Bei der Verdauung von Heu entsteht viel Wärme, die für den erhöhten Wärmebedarf benötigt wird. Es wird wieder kälter. Bei −15 °C lasse ich einen Fensterflügel gekippt. In dem gemauerten Stall fällt die Stalltemperatur nicht unter +10 °C. Es gibt also keine Schwierigkeiten wegen der großen Kälte. Großzügiges Einstreuen ist jetzt besonders wichtig.

25. Februar

Ein Jährling (mit einem vier Wochen alten Lamm) frißt nicht mehr richtig und wird auch aufgrund seiner Schwäche von den anderen Schafen von der Krippe gedrängt.

Woran ist dieses Tier erkrankt?
– Ohren haben normale Temperatur
– Temperaturmessung ergibt 38,5 °C, also normal, kein Fieber
– etwas Durchfall

Zur Beruhigung bringe ich das kranke Schaf samt Lamm wieder in die Ablammbucht. Die Eingabe von etwa einem halben Liter lauwarmen Kamillentee und einer Dosis Entwurmungsmittel bewirkte am Tag darauf starken Durchfall. Nach drei Tagen ist das Tier wieder gesund und darf zu den anderen Schafen. Es hatte wohl eine Verdauungsstörung. Kranke Tiere können einem ganz schöne Sorgen machen.

März
Jetzt kommen die ersten März-Lämmer auf die Welt.

13. März
In der vergangenen Nacht haben drei der besten Mutterschafe gelammt. Es sind zwei schöne Zwillingspärchen und ein Einling. Bei so vielen Geburten an einem Tag fehlen die Ablammbuchten.
Mit schnell aus Latten zusammengezimmerten Einfachbuchten geht es auch recht gut. Nach dem Lammen kommen bei mir die Schafe für acht Tage in eine Ablammbucht, in der Mutter und Kind alleine sind und so ungestört ihre sogenannte Mutter-Kind-Beziehung aufbauen können. In der Bucht werden bestes Heu, Kraftfutter, Salz und Mineralfutter, sowie frisches Wasser gegeben.

21. März
Da bereits die Hälfte des Bestandes abgelammt hat, füttere ich etwa 500 g Kraftfutter je Tier ($\frac{1}{3}$ Erbsenschrot, $\frac{1}{3}$ Zuckerrübenschnitzel und $\frac{1}{3}$ Hafer). Nach den nächsten Lammungen werde ich auf etwa 700 g je Tag erhöhen. Vielleicht halte ich die Zwillingsschafe in diesem Jahr zur leistungsgerechten Fütterung gesondert.

25. März
Ich habe zwei Leckschalen mit einer Mineralstoffmischung gekauft, aber die Schafe mögen diese Mineralien nicht – auch nicht in Pulverform. Vermutlich enthält das gute kräuterreiche und reutergetrocknete Heu genügend Mineralstoffe.

26. März
Obwohl heute noch etwas Schnee lag, habe ich die Grunddüngung (gekörnter Mehrnährstoffdünger NPK 6-12-18) auf die Weiden ausgebracht. Letztes Jahr habe ich mit Thomaskali ganz gute Erfahrungen gemacht.
An sonnigen Tagen ist ein kurzer Weidegang für Schafe und Lämmer der Gesundheit sehr förderlich; die drolligen Freudensprünge der Lämmer sind ein Beweis dafür. Dabei kann man bereits ganz unterschiedliche Vitalität bei den Lämmern beobachten.
Mit einer Wiesenegge schleppe ich alle befahrbaren Weiden ab – eine äußerst wichtige Maßnahme zur Weidepflege. In diesem Monat habe ich an einer Versammlung und an einem praktischen Kurs des Schafzuchtverbandes teilgenommen. Es gibt immer noch viele Dinge, die man nicht weiß und dort lernen kann.

28. März

Ein neugeborenes wunderschönes Bocklamm kann nach mehreren Stunden immer noch nicht aufstehen. Die Gliedmaßen sind fast wie gelähmt, nur der Kopf reagiert normal. Dies sind die typischen Anzeichen von Weißfleischigkeit, einer Selenmangelkrankheit. Nach dreimaliger Injektion mit einem Vitamin E-Selen-Präparat durch den Tierarzt wurde das Tier wieder gesund. Der Aufwand des mehrmaligen Saugenlassens an der Mutter hat sich also gelohnt.

31. März

Jetzt haben alle Altschafe, und zwar ohne Verluste, abgelammt. Die Jährlinge waren im Dezember im Ritt und werden etwa einjährig im April ablammen.

Der Monat März hat einige Aufregung und zeitlichen Mehraufwand gekostet. Ich mußte häufiger, auch nachts, wegen der Lammungen in den Stall sehen und hatte durch die verschiedenen Buchten mehr Arbeit beim täglichen Füttern. Aber ich bin froh, daß alles so gut verlaufen ist. Es gab auch schon einmal einen März, der bei weitem nicht so erfolgreich war.

April

17. April

Der letzte Jährling hat abgelammt. In diesem Jahr hatte ich keine Lämmerverluste zu beklagen. Mit 17 Lämmern von 13 Muttertieren kann man wohl zufrieden sein, vor allem dann, wenn man viele junge Mutterschafe hat. Die fünf Jährlinge werden extra gehalten und gefüttert und voraussichtlich zwei Wochen später als die Herde auf die Weide kommen, damit ich sie im Stall besser betreuen kann.

18. April

Mein Lieblingsschaf – eine Zwillingsmutter – frißt nicht mehr. Das Schaf mitsamt den Lämmern kommt in den Krankenstall. Die Ursache ist schnell gefunden – Euterentzündung. Die rechte Euterhälfte ist stark gerötet, heiß und hart. Ich setze das Schaf um und melke den Euterinhalt in eine Dose. Es kommen nur weiße Flocken und geronnene Milch zum Vorschein. In solchen Fällen hilft Penicillin. Mein Tierarzt behandelt das Schaf drei Tage lang jeweils mit einer Dosis eines hochwirksamen Antibiotikums. Nach fünf Tagen ist die Entzündung erfreulicherweise fast nicht mehr zu sehen.

19. April

Allmählich wird das Wetter wärmer und das Gras wächst. In dieser Woche wird wohl der Weideaustrieb möglich sein. Deshalb werden allen Tieren die Klauen geschnitten, auch den kleinen Lämmern. Den Mutterschafen und den beiden Dezemberlämmern wird gleichzeitig eine Wurmkur verabreicht. Die Lämmer über vier Wochen werden gegen Breiniere und Tetanus geimpft. Die jüngeren erhalten diese Impfung drei Wochen später. So sind alle für den Weideaustrieb vorbereitet.

23. April

Heute ist Weideaustrieb!

In diesem Jahr möchte ich möglichst alle Flächen vor dem Heuen vorweiden, um die weniger wertvollen Obergräser und Kräuter zurückzudrängen.

Den Autoviehanhänger betritt der Bock, wie immer, als erster und die erste Ladung mit vier Schafen und Lämmern ist sehr bald auf der Weide. Den Weideaustrieb mache ich grundsätzlich erst nachmittags, mit satten Schafen. So gibt es keine Probleme mit dem Wiederkäuermagen, wie z. B. Pansenblähungen.

Dank Kraftfuttereimer und gutem Zureden ist der Schaftransport glücklich beendet. Nach Verlassen des Anhängers fangen die Schafe gleich an zu weiden.

Alle Schafe fühlen sich bei dem sonnigen Wetter anscheinend draußen wohler als im Stall. Die Lämmer machen riesige Freudensprünge.

In den ersten Tagen werde ich in einer Raufe noch Heu zufüttern. Bald aber ziehen die Tiere das frische Grün dem Heu vor.

25. April

Es ist über Nacht kalt geworden.

Es schneit auch ab und zu. Den Schafen scheint das nichts auszumachen. Sie haben einen guten Weideunterstand.

Mai

Jetzt heißt es Stall ausmisten.

Mit den fünf Anhängern Mist mache ich einen Misthaufen am Waldrand auf meinem Acker und decke ihn mit Stroh ab. Vielleicht pflanze ich in den nächsten Tagen Kürbispflanzen darauf.

14. Mai

Heute bringe ich die Jährlinge mit Lämmern auf die Weide. Der Bock begrüßt jeden weiblichen Neuling auf seine Art. Die jungen Lämmer habe ich mit einem Stift gekennzeichnet und kann jetzt schnell diese Tiere gegen Breiniere impfen.

17. Mai

Ein Jungschaf hinkt. Die Klauenkontrolle gibt keinen Hinweis auf eine Erkrankung. Vielleicht liegt eine Zerrung vor. Nach zwei Tagen ist alles wieder normal.

20. Mai

Das älteste Schaf, das seit einem halben Jahr immer mehr abgemagert ist, lag heute verendet auf der Weide. Neben der toten Mutter standen die beiden Lämmer, die durch den Milchmangel schon länger gelitten hatten. Die fünf Wochen alten Waisen nahm ich mit nach Hause und gebe nun täglich zweimal Milchaustauschtränke, Heu und Kraftfutter, was ihnen sichtlich gut tut.

Da es sich um ein älteres Texelschaf handelt, dürfte die Todesursache Maedi – eine Viruserkrankung – sein. Den Kadaver brachte ich zu meinem Metzger, bei dem die Tierkörperbesei-

tigungsanstalt regelmäßig Schlacht-
abfälle abholt.

25. Mai

Es gibt genügend Futter in diesem Jahr.
Deshalb habe ich zwei Jährlinge aus
einer Herdenhaltung zugekauft. Nachdem ich die Schafe aus dem Betrieb
ausgesucht hatte, wurden sofort die
Klauen geschnitten und mit Formalin
desinfiziert und eine Wurmkur verabreicht. Zur Quarantäne habe ich beide
Schafe in eine besondere Koppel gebracht. Diese Tiere waren bisher in der
Herde und kannten anscheinend keine
Koppel. Dementsprechend war ihr
Verhalten. Nachdem sie mehrmals in
die Zäune gesprungen waren, habe ich
versuchsweise den Bock zu den Neulin-
gen gebracht. Die Anwesenheit von
Hans hat sie sofort beruhigt. Nach ein
paar Tagen werde ich sie zur Herde
bringen können. Grundsätzlich bringe
ich alle neuen Tiere morgens zur
Herde. So kann ich sie während des
ganzen ersten Tages beobachten.

30. Mai

Bei den Lämmern zeigen sich vereinzelt Durchfallerscheinungen. Zeit für
eine Wurmkur. Vor einem Koppelwech-
sel sperre ich die Herde in einen
kleinen Holzpferch ein und gebe allen
Tieren entsprechend ihrem Gewicht
das Wurmmittel ein.

Juni

Die Heuernte steht bevor. Die Schafe
beweiden Koppel um Koppel. Jede
Koppel wird nachgemäht. Manchmal
reche ich auch den Rest zusammen
und gebe das Gras samt Kotfladen auf
den Komposthaufen. Ohne Geilstellen
grasen die Schafe intensiver.

1. Juni

Die Wetterlage scheint beständig zu
sein. Nach dem Tau mähe ich zwei
Wiesen von etwa 50 ar. Kurz danach
wird alles mit meinem Kreiselheuer
durchgeschüttelt. Dieser Arbeitsgang
wird gegen 14 Uhr wiederholt.

8. Juni

Um 10 Uhr wird mit dem Kreiselheuer
wieder gewendet. Um 16 Uhr werden
von Hand mit dem Rechen Schwaden
gezogen, damit der nächtliche Tau
nicht so stark einwirken kann. Ab jetzt
arbeite ich nur noch mit Gabel und
Rechen. Jede Schlepperspur und jeder
Arbeitsgang mit den Heuwendema-
schinen zerstört wertvolle Blätter.

9. Juni

Ab 11 Uhr werden die Schwaden mit
der Gabel wieder ausgebreitet und
geschüttelt. So trocknet das Heu weiter. Gegen 16 Uhr untersuche ich den
Trocknungsgrad an verschiedenen
Stellen der Wiese. Wenn man nun das
Heu anfaßt, gibt es ein knisterndes
Geräusch, d. h. das Heu kann eingefahren werden.

16 Uhr: Jetzt werden zum Pressen von
Hand große Schwaden gezogen.
Um 18 Uhr kommt die Hochdruck-
presse vom Lohnunternehmer und

preßt innerhalb einer Stunde 180 Ballen à 15 kg. Dieses Heu ist hinsichtlich Trocknung, Schnittzeitpunkt und Behandlung von ganz hervorragender Qualität.

18. Juni

Badetermin für die Schafe.

Heute kommt die Badekolonne mit der Schaftauchanlage. Beim Scheren konnten wir Läuse feststellen. Mein Nachbar kommt mit seinen Tieren auf meinen Badeplatz, so daß hier etwa 65 Tiere behandelt werden können. Die ganze Sache geht recht gut. In drei Stunden ist alles erledigt. Bisher habe ich die Schafe sehr sorgfältig mit Bademittel besprüht. Aber das Bad wirkt natürlich gründlicher.

19. Juni

Durch das regnerische Wetter verzögert sich die Heuernte auf den restlichen Flächen.

20. Juni

Auf einem großen Stück in meinem Gemüsegarten pflanze ich jetzt die im Gemüsegarten überzähligen Grünkohl, Rosenkohl sowie Markstammkohlsetzlinge. Mit einigen hundert dieser frostharten Pflanzen kann man den Schafen im Winter etwas frisches, vitaminreiches Grünfutter zufüttern.

Juli

1. Juli

Heute liefere ich die Wolle bei der mobilen Wollannahmestelle der Deutschen Wollverwertung im Nachbarort an. Von 13 Mutterschafen und einem Bock gab es

$$45 \text{ kg} \times 2,90 \text{ DM} = 130 \text{ DM}.$$

Nicht einmal der Ertrag eines Mastlammes wurde erreicht! Bei den Schafen lebt man heutzutage eben nicht mehr von der Wolle.

2. Juli

Gegen Mittag mähe ich die letzte Wiese und eine Koppel, die für die Beweidung zu überständig ist.

3. Juli

Das Heu ist noch nicht fertig, aber es sieht nach Gewitter aus.

Deshalb ziehe ich es vor, das Heu auf Reuter zu hängen. Zusammen mit meiner Frau und einem Nachbar haben wir von 17 bis 20 Uhr 23 große Heureuter aufgestellt.

4. Juli

Es gab heftige Gewitter. So hat sich unser Aufwand doch gelohnt. In solchen Fällen zeigt es sich immer wieder, daß die Mitarbeit von Familie oder Freunden bei solchen kurzfristig angesetzten Arbeiten äußerst wichtig ist.

9. Juli

Das Reuterheu ist trocken. Gegen Abend wird gepreßt. Mit 95 HD-Ballen ein weiterer Beitrag zum Wintervorrat.

15. Juli

Es ist sehr heiß. Gut, daß die Schafe zur Zeit in den Obstbaumwiesen weiden und sich in der stärksten Hitze unter die Bäume legen können, was sie auch mit Vorliebe tun.

Da ich einen erfahrenen Ersatzschäfer habe, können wir unsere Urlaubspläne in die Tat umsetzen und für zehn Tage von Hof und Schaf Abschied nehmen.

26. Juli

Bei der Rückfahrt vom Urlaub werden wir von heftigen Regenfällen begrüßt. Es trifft sich gut, daß zur Zeit die Koppeln beim Weideunterstand beweidet werden. So werden wenigstens die Koppeln geschont, weil sich die Schafe unterstellen und so nicht den durchnäßten Grasboden beschädigen.

27. Juli

Da die Gefriertruhe wieder leer ist, wird das schwerste Bocklamm – ein Einling – mit dem Fanghaken auf der Weide gefangen. Am Abend meldet sich ein weiterer Interessent für Lammfleisch. Ich will noch ein Tier fangen, aber ohne Erfolg – die Tiere haben Lunte gerochen. Das Bocklamm hat ein Schlachtgewicht von 25 kg – eine gute Leistung bei einem Alter von etwa 5 Monaten.

August

In diesem Jahr wird es eine überdurchschnittlich große Kernobsternte geben, so daß die Bäume abgestützt werden müssen. Die Stützen werden von den Schafen häufig umgedrückt, so daß jetzt die Umgebung der Bäume manchmal ausgezäunt werden muß.

Dies stellt an die Weideplanung besondere Anforderungen, auch im Hinblick auf die bevorstehende Obsternte.

11. August

Nach einer langen Regenperiode scheint die Wetterlage beständig zu sein.

Ich mähe den größten Teil des zweiten Schnittes zur Öhmdbereitung.

13. August

Das Öhmd wäre fast fertig, aber für den heutigen Tag ist keine Heupresse frei.

14. August

In der Nacht hat es leider schwere Gewitter gegeben. Die Abhängigkeit von Lohnunternehmern kann manchmal nachteilig sein.

Nach einigen Tagen Regen bleibt schließlich vom zweiten Schnitt nur ein gehaltloses braunes Rauhfutter übrig. Schade! Jetzt werde ich wohl mehr Obsttrester einsilieren müssen.

15. August

Der Zuchtbock und die drei Bocklämmer kommen auf eine gesonderte Koppel, damit die weiblichen Tiere ungestört bleiben und nicht gedeckt werden. Die Kilberlämmer bleiben bei den Mutterschafen.

Die Jungböcke führen mit ihrem Vater immer heftigere Kämpfe durch, werden jedoch vom stärkeren Altbock allmählich zur Zurückhaltung erzogen.

21. August

Heute gehe ich ohne Kaufabsicht mit einem befreundeten Koppelschafhalter zur Bockversteigerung nach Herrenberg. Er möchte dort einen schönen Lammbock erwerben. Meinen Bock, den ich erst letztes Jahr hier gekauft habe, möchte ich noch ein weiteres Mal einsetzen. Wir sehen uns die Böcke bei der Körung und auch in den Buchten an und vermerken Positives und Negatives im Auktionskatalog.

Bei der Auktion ersteigern wir einen hervorragend bemuskelten sieben Monate alten Bock mit einem Gewicht von 63 kg, der in Klasse I eingestuft wurde, zum Preis von 900 DM. Ein stolzer Preis, der sich aber mit hoher Wahrscheinlichkeit bei der Nachzucht wieder auszahlen wird.

September

Nachdem die letzten Getreidefelder abgeerntet sind und das Stroh eingefahren ist, gibt der Herbst seine ersten Stimmungsbilder. Kürzere Tage, intensiverer Tau und verlangsamtes Pflanzenwachstum sind die ersten Anzeichen.

Von der Kernobstschwemme in diesem Jahr profitieren auch die Schafe. Sie sind ganz gierig auf Obst. Ein hoher Obstkonsum soll sich angeblich auf den Geschmack des Lammfleisches auswirken. Mal sehen, ob es stimmt. Die hohen Niederschlagsmengen im Spätsommer haben den Grasaufwuchs beschleunigt. Viel Masse bei geringem Rohfasergehalt kennzeichnen dieses Futter.

Deshalb fressen die Schafe jetzt auch gerne Heu und Stroh zusätzlich zum Weidegang.

10. September

Heute wird gebrackt, d. h. die zuchtuntauglichen weiblichen Tiere werden ausgesucht. Alle Schafe werden beurteilt, ob sie sich noch zur Zucht eignen. Die aussortierten Brackschafe bekommen eine Kerbe in die linke Ohrspitze, so kann man diese Schlachttiere leicht erkennen. Für die Zucht werden zehn Alttiere und fünf Kilberlämmer für das kommende Jahr vorgesehen.

13. September

Drei Lämmer und ein vierjähriges Altschaf wurden an den Metzger verkauft.

Die Lämmer wogen je 18,5 kg Schlachtgewicht und das Schaf 34 kg Schlachtgewicht. Die vier Tiere erbrachten einen Erlös von 820,– DM.

Ein kleiner abgeernteter Haferacker liegt unmittelbar neben den Koppeln. Nachts werden die Schafe dort gepfercht, düngen so das Feld und verkoten die Koppel nicht.

20. September

In 3 Wochen beginnt die Rittzeit (Deckzeit). Die Schafe sind in hervorragendem Futterstand. Ich gebe aber trotzdem von jetzt an etwas Kraftfutter. Von einem Gemisch von $\frac{1}{3}$ Hafer, $\frac{1}{3}$ Trockenschnitzel und $\frac{1}{3}$ Sojaschrot teile ich bis zur Rittzeit etwa 200 g pro Tier und Tag zu, denn eine gute Fruchtbarkeit ist nur mit guter Fütterung der Mutterschafe vor und während des Ritts möglich.

Oktober

2. Oktober
Wegen der Bockzuteilung wird die Herde neu aufgeteilt. Die Altschafe, Jährlinge und der Bock werden von den Lämmern getrennt. Da der Bock bereits seit August mit einigen Bocklämmern auf einer eigenen Koppel gehalten wurde, ist sein Interesse an den Schafen entsprechend groß.

7. Oktober
Nach fünf Tagen sind bereits vier Tiere gedeckt. Es ist regnerisches Wetter, so daß man die Spuren des Deckaktes an den Schafen sehen kann – die schmutzigen Vorderklauen des Bockes hinterlassen beim Aufspringen Spuren an den Flanken des Schafes.
Im nächsten Jahr werde ich evtl. ein Deckgeschirr mit Farbkissen kaufen. Das verschafft den besten Überblick und man kann sogar ein ungefähres Deckdatum feststellen und somit den Ablammtermin vorausberechnen.
Die Lämmer bekommen jetzt neben der Weide täglich etwa 200 g Kraftfutter, bestehend aus jeweils $\frac{1}{3}$ Getreideausputz, Trockenschnitzeln und Hafer.

29. Oktober
Heute hole ich die fünf Zuchtlämmer in die Mutterschafherde. Die Lebendgewichte liegen jetzt zwischen 50 und 55 kg, so daß diese Lämmer gedeckt werden können. Die restlichen Schlachtlämmer nehme ich in den Stall. Sie werden dort mit Gras, Rotklee und Kraftfutter gefüttert.

30. Oktober
Vergangene Nacht hatte es zum ersten Male Frost, so kündigt sich allmählich der Winter an.

November

Von einigen Buchen und Eichen sind in diesem Jahr reichlich Früchte auf die Weide am Waldrand gefallen, die von den Schafen sehr gerne gefressen werden. Nach Möglichkeit wird mit dem Elektrozaun oft auch ein Stück Wald eingezäunt. Unser Förster hat nichts dagegen.

9. November
Heute werden die Schafe auf eine etwa 1 km entfernte Koppel umgetrieben. Mit Hilfe meiner zehnjährigen Tochter ging die Wanderung recht gut. Im Herbst gibt es kaum Flurschaden, wenn die Tiere ab und zu einmal vom Triebweg abkommen. Der Kraftfuttereimer war wieder einmal der beste Hütehund. Das Verladen in den Viehanhänger hätte bei weitem länger gedauert.

10. November
Heute holte ich drei Anhänger voll Obsttrester, den ich in einem Schuppen auf dem Betonboden einsiliere. Das

Zerkleinern der Tresterfladen und das Festtreten stellt sich jedoch als eine arbeitsaufwendige Sache heraus.
Mit einer Plastikplane wird der Silo sorgfältig und luftdicht abgedeckt.

25. November
Durch den häufigen Frost ist es jetzt kaum mehr möglich, Gras zu mähen. Deshalb werden die Mastlämmer geschlachtet, um die Futterumstellung auf Heu zu vermeiden. Die Mutterschafe sind draußen und finden in diesem Jahr noch ein großes Futterangebot vor.

Dezember

Regen hat in den letzten Tagen die Weiden aufgeweicht und so sind auch die täglichen Routinearbeiten beschwerlicher geworden. Die Stallarbeit im Trockenen ist mir lieber. In drei Fuhren hole ich deshalb die Schafe in den Stall, den ich zuvor mit einer Lage Sägemehl und dann mit Weizenstroh eingestreut habe.
Um die Klimaumstellung zu erleichtern, bleiben alle Fenster geöffnet.
Der Stallaufenthalt scheint den Schafen auch zu gefallen. Als Futter wird den noch niedertragenden Schafen das restliche Heu vom Vorjahr und diesjähriges Öhmd mittlerer Qualität angeboten.
Zum Jahresende interessiert mich auch die Wirtschaftlichkeit meiner »Schäferei«. Vor allem, ob sich unser Arbeitseinsatz gelohnt hat.
Gegenüber dem Vorjahr hat sich der

Schafbestand um zwei Zuchtlämmer erhöht.
Bei der Viehzählung zum 3. Dezember habe ich meinen Bestand bei der Gemeindeverwaltung angemeldet. Die Viehzählung ist gesetzlich vorgeschrieben und dient der Statistik und der Erhebung der Beiträge zur Tierseuchenkasse.

Bestandsveränderung

Bestand am 31. 12. 1981	Bestand am 31. 12. 1982	Veränderung
1 Zuchtbock (2jährig)	1 Zuchtbock (3jährig)	–
10 Mutterschafe	10 Mutterschafe	–
3 Zuchtlämmer (tragend)	5 Zuchtlämmer (tragend)	+ 2

Neben der Bestandveränderung sind meine Aufzeichnungen über Einnahmen und Ausgaben für die Rentabilität maßgebend:

Einnahmen

12 Weidemastlämmer je 20 kg × 12,– DM	2.880,– DM
2 Lämmer (Eigenverbrauch) 40 kg × 12,– DM	480,– DM
3 Brackschafe à 220 DM	660,– DM
10 Lammfelle à 80 DM (aus Vorjahr)	800,– DM
45 kg Schweißwolle × 2,90 DM	130,– DM
	4.950,– DM

Ausgaben

300 kg Hafer	150,– DM
80 kg Trockenschnitzel	45,– DM
25 kg Mineralfutter	25,– DM
Heupressen (Lohn-unternehmer)	160,– DM
Gründüngung der Wiesen	120,– DM
Fleischbeschau und Schlacht-kosten	250,– DM
Gerbkosten für 10 Felle	400,– DM
Schafbadung/Schurlohn	150,– DM
Impfstoff Breiniere/Tetanus	40,– DM
Entwurmungsmittel	65,– DM
verschiedene Kosten	100,– DM
Batterien für Weidezaungerät	45,– DM
Jährl. Maschinenaufwand (10% aus 9000 DM Maschinenkapital)	900,– DM
Jährl. Stallkosten (5% von 8000 DM)	400,– DM
Pkw-Kilometergeld 500 km × 0,50 DM	250,– DM
Pacht, Versicherung	400,– DM
Gesamtausgaben	3.500,– DM
Gesamteinnahmen	4.950,– DM
verbleibender, sogenannter Gewinn	1.450,– DM

Bezogen auf 13 Mutterschafe liegt der Gewinn 1982 bei 111,– DM je Mutterschaf.

Die Errechnung des »Stundenlohns« bei einem Arbeitsaufwand von 40 Stunden je Mutterschaf zeigt mit 2,77 DM eine deprimierende Größe an. Zu diesem Satz würde heute wohl niemand mehr arbeiten. Man kann sich nur damit trösten, daß es Hobbies gibt, die nicht einmal soviel bringen und kein natürlich produziertes Lammfleisch liefern.

24. Dezember

Heute am Heiligen Abend möchte ich einmal nicht an Schafe denken müssen. Aber weit gefehlt – dieses Fest kommt auch nicht ohne Schafe und Hirten aus!

Organisationen und Verbände

Vereinigung Deutscher Landesschafzuchtverbände E. V. (VDL), Adenauerallee 176, 5300 Bonn

Landesverband Bayerischer Schafhalter e.V., Haydnstraße 11, 8000 München 2, Tel. 089/536227

Landesschafzuchtverband Baden-Württemberg e.V., Heinrich-Baumann-Straße 1–3, 7000 Stuttgart 1, Tel. 0711/284943

Landesverband der Schafhalter Rheinland-Pfalz e.V., Planiger Straße 36, 6550 Bad Kreuznach, Tel. 0671/69031

Landesverband der Schafzüchter im Saarland e.V., Lessingstraße 14, 6600 Saarbrücken

Hessischer Schafzuchtverband e.V., Kölnische Straße 48/50, 3500 Kassel, Tel. 0561/707264

Vereinigung Rheinischer Schafzüchter und -halter e.V., Endenicher Allee 60, 5300 Bonn, Tel. 0228/636682

Landesverband Westfälischer Schafzüchter e.V., Bleichstraße 4, 4790 Paderborn, Tel. 05251/32561

Landesschafzuchtverband Niedersachsen e.V., Johannssenstraße 10, 3000 Hannover, Tel. 0511/329777

Landesschafzuchtverband Weser-Ems e.V., Mars-la-Tour-Straße 13, 2900 Oldenburg, Tel. 0441/82123

Deutsche Wollverwertung GmbH

Deutsche Wollverwertung GmbH – Niederlassung Neu-Ulm, Finningerstraße 60, 7910 Neu-Ulm (Donau), Tel. 0731/ 75091-94, Telex 712866

Deutsche Wollverwertung GmbH – Niederlassung Paderborn, Wollmarktstraße 115, 4790 Paderborn, Tel. 05251/7747/48, Telex 932246

Deutsche Wollverwertung GmbH – Niederlassung Husum, Am Dornbusch, 2251 Mildstedt/Husum, Tel. 04841/72367

Literatur

Behrens, H., H. Doehner, H. Scheelje, und R. Wasmuth: Lehrbuch der Schafzucht. Verlag Paul Parey, Hamburg und Berlin 1976.

Burgkart, M.: Praktische Schafhaltung. BLV, München 1983.

Dedié, K., und H. Bostedt: Schafkrankheiten. Verlag Eugen Ulmer, Stuttgart 1984.

Deutscher Schäfereikalender 1984. Verlag Eugen Ulmer, Stuttgart.

DLG-Futterwerttabellen für Wiederkäuer. DLG-Verlag, Frankfurt, 5. Aufl.

Esser, J., und E. Lütke; Ackerfutterbau und Gründüngung haben Zukunft, Heft 19. Ruhrstickstoff-AG 1982.

Götz, A.: Pflanzenbau. Verlag Eugen Ulmer, Stuttgart 1978.

Haring, F.: Schafzucht. Verlag Eugen Ulmer, Stuttgart 1984, 7. Aufl.

Kirsch, H.: Melken mit der Melkmaschine. Deutsche Schafzucht, Heft 20, 1982.

Schlolaut, W., und G. Wachendörfer: Schafhaltung. DLG-Verlag, Frankfurt 1981, 3. Aufl.

Schmidt, K. F.: Wurst aus eigener Küche. Verlag Paul Parey, Berlin 1983, 2. Aufl.

Schwintzer, I.: Das Milchschaf. Verlag Eugen Ulmer, Stuttgart 1983, 5. Aufl.

VDL Jahresbericht 1982. Vereinigung Deutscher Landesschafzuchtverbände, Bonn.

Bildquellen

Hans Reinhard, Heiligkreuzsteinach:
Einbandfoto und Farbfotos auf Seite 33, 34 unten und 35 unten.
Alle anderen Farbfotos sowie alle Schwarzweißfotos stammen vom Verfasser.

Die Zeichnungen fertigte Herr Helmut Poeschel, Filderstadt, nach Angaben und Vorlagen des Verfassers. Die Zeichnung auf Seite 71 nach Herrn Fritz Blattner, Küttigen (Schweiz).

Sachregister

Schafzucht

Von Prof. Dr. F. Haring, Göttingen, und Dr. C. Brüne, Bonn, Prof. Dr. K. Dedié, Aulendorf, Prof. Dr. R. Gruhn, Göttingen, Prof. Dr. Dr. D. Smidt, Mariensee
Neubearbeitete 7. Auflage. 372 Seiten mit 187 Abb. und 119 Tabellen. Kst. DM 58,— (Tierzuchtbücherei)

Das Milchschaf

Von seiner Zucht und Haltung, von Milch, Fleisch und Wolle und mancherlei halbvergessenen Kunstfertigkeiten
Von I. Schwintzer, Achenmühle
Neubearb. und erweiterte 5. Auflage. 208 Seiten mit 113 Fotos und Zeichn. Kst. DM 32,—

Schafkrankheiten

Von Prof. Dr. K. Dedié, Aulendorf, und Prof. Dr. H. Bostedt, Gießen
Etwa 400 Seiten mit 150 Fotos und Zeichn. Kst. ca. DM 58,— (Reihe »Erkrankungen der Haustiere«, UTB-Große Reihe; erscheint 1984)

Der deutsche Schäferhund

mit seinen belgischen und niederländischen Verwandten
Von Dr. E. Schneider-Leyer, Schloß Scheer
Weiterer unveränd. Nachdruck der 2. Auflage. 184 Seiten mit 69 Abb. Hln. DM 32,—

Verhalten landwirtschaftlicher Nutztiere

Hrsg. von Prof. Dr. H. Bogner und Dr. A. Grauvogl, Grub, unter Mitarbeit zahlr. Wissenschaftler
435 Seiten mit 185 Abb. und 40 Tab. Kst. DM 128,— (Tierzuchtbücherei)

Alternativen im Landbau

Eine kritische Gesamtbilanz
Von Prof. Dr. R. Diercks, München
380 Seiten mit 27 Farbfotos, 88 Abb. und 68 Tabellen. Ln. mit Schutzumschlag DM 38,—